Elke Zierhut und Wolfgang Polzer

Die Achtsamkeit des Augenblicks

Ein Wahrnehmungstraining zur Entfaltung der inneren Sinne

vianova
Verlag Via Nova

1. Auflage 2006
Verlag Via Nova, Alte Landstraße 12, 36100 Petersberg
Telefon: (06 61) 6 29 73
Fax: (06 61) 9 67 95 60
E-Mail: info@verlag-vianova.de
Internet:
www.verlag-vianova.de

Fotos: Elke Zierhut und Wolfgang Polzer
Umschlag: Marketing Design Service GmbH, Hamburg
Satz: typo-service kliem, 97647 Neustädtles
Druck und Verarbeitung: Fuldaer Verlagsanstalt, 36037 Fulda

ISBN-13: 978-3-86616-050-7
ISBN-10: 3-86616-050-X

Lass mich erkennen
meinen innersten Schrein,
den Tempel meiner Seele
im goldenen Schein.
Lass mich entdecken
ihren innersten Glanz,
für den Neubeginn bereit
im Lebenstanz.

Dieses Buch begleitet dich auf deiner Reise zu dir,

auf deiner Reise zu dir selbst,

in ein höheres Bewusstsein,

in eine neue Welt,

in die nächste Dimension.

Inhaltsverzeichnis

Die Achtsamkeit des Augenblicks

Achtsamkeit im Augenblick
ist sich weiten
in der Begrenztheit
unseres derzeitigen
Seins.

Die Achtsamkeit des Augenblicks

Die Achtsamkeit des Augenblicks
umschreibt den Moment des Bewusstseins,
das sich sammelt und wahrnimmt
und verweilt mit Achtsamkeit und Liebe.

Der Moment des Augenblicks

Der Augenblick ist das beste Trainingsfeld für unser Bewusstsein. Dort können wir uns üben in achtsamer Wahrnehmung, in bewusstem Wahrnehmen dessen, was ist. Verweile im Augenblick mit deinem Bewusstsein, dort, wo du bist, ohne umherzuschweifen, ohne mit den Gedanken zu irren.

Wahrnehmen, was ist

Die Achtsamkeit des Augenblicks erfordert die Wahrnehmung dessen, was ist, und fordert von dir, dass all deine Aufmerksamkeit, all deine Achtsamkeit darauf gerichtet ist. Es erfordert, dass du mit deinen Gedanken dort bist, wo du im Moment bist, und nicht, wie so oft, schon gedanklich in der Zukunft und damit den Moment der Gegenwart nicht wirklich wahrnimmst. Somit bist du immer deiner Zeit voraus und nie dort, wo du eigentlich bist. Dieses „seiner Zeit voraus sein“ zerreißt den Menschen in sich, es verursacht Stress, der Raubbau am Körper und Raubbau am Geiste nimmt.

Übe dich in der Haltung, dort zu sein, wo du gerade bist, dich einzulassen auf das, was du alles siehst, dich dem hinzugeben, was du alles hörst, dich dem zu öffnen, was du riechst und wahrzunehmen, was du schmeckst. Beobachte dich selbst im Moment dieses Augenblicks, deine Haltung, deine Wahrnehmung. Beobachte, was die Eindrücke mit dir machen, und erkenne die Wechselwirkung zwischen den äußeren Einflüssen und deinem Wesen. Sobald du dich bewusst auf solche Augenblicke einlässt, wird sich die Wahrnehmung verfeinern, und dein Blick wird sich verändern. Sanftheit wird sich wie von selbst auf deinem Gesicht ausbreiten, und Ruhe wird einkehren, denn

du bist, wo du bist,

und damit kannst du werden der, der du bist.

Brücken-Übungen

Eine Brückenübung schafft die Brücke zwischen uns und dem Moment, um zu erkennen, was das Außen in unserem Inneren bewegt.

Für diese Brückenübungen ist es wichtig, eine gute Sitzposition und Haltung einzunehmen:

Setze dich und begib dich in eine aufrechte Haltung: Dein Rücken sollte gerade und aufrecht sein, dein Becken leicht nach hinten gekippt, deine Beine im Schneidersitz. Dein Kopf ist leicht nach unten geneigt, doch sanft nach oben gezogen. Dies bringt mehr Spielraum zwischen deine Wirbel, und die Energie kann dadurch besser fließen. Je mehr du in dich zusammensackst, umso weniger kann Energie im Austausch und im Fluss sein. Die Position des Schneidersitzes öffnet dein Wurzelchakra und lässt dich über dein Perineum in Verbindung treten mit der Wurzelkraft der Erde, mit der Wurzelkraft in dir.

Übung 1

Kontakt mit der Erde

Begib dich zunächst in eine aufrechte Körperhaltung und spüre dein Wurzelchakra. Nimm dein Perineum, dein Wurzelchakra, wahr.

Nun veränderst du deine Position und setzt dich in den Schneidersitz, das Perineum am Boden, die Wirbelsäule aufrecht, den Kopf leicht nach unten geneigt und den Nacken sanft nach oben gezogen. Verbinde dich mit der Kraft der Erde, der Kraft des Bodens, auf dem du sitzt. Spüre, was diese Kraft, oder diese Bewegung, oder diese Energie, die von unten kommt und in dich jetzt einströmt, mit deinem Wurzelchakra macht.

Bedingt durch die Nähe zwischen dir und dem Boden, zwischen dir und Mutter Erde ist dieses Einströmen von äußeren Energien im Sitzen stärker spürbar, als wenn du stehst. Nimm bewusst wahr, was sich in deinem Wurzelchakra verändert, und lass diese Kraft und Energie zu und nimm wahr, was sie mit dir macht.

Lass es wertfrei. Es ist, wie es ist. Nimm nur wahr, denn es wird bei jedem Mal anders sein. Du wirst deine Energien von mal zu mal und, je öfter du diese Übung machst, anders spüren, intensiver und damit erkennen, was Äußeres mit deinem Inneren macht und an Bewegung bringt.

Übung 2

Achtsames Gehen

Du stehst im Raum mit aufrechter Körperhaltung, den Kopf leicht nach unten geneigt und nach oben sanft gezogen. Schultern, Arme und Hände sind entspannt und hängen nach unten. Stehe hüftbreit und nimm den Kontakt zum Boden über deine Füße wahr. Halte dabei deine Augen geschlossen und lenke deine Aufmerksamkeit auf dich und auf deine Füße und auf den Kontakt mit dem Boden.

Öffne nun deine Augen und beginne zu gehen. Deine Bewegung des Gehens soll jedoch in Zeitlupe sein. Gehe so langsam, wie möglich, so dass ein Schritt mindestens eine Minute dauert. Von mal zu mal übe dich in immer kleineren Bewegungen und nimm jeden Millimeter deiner Bewegung bewusst wahr. Lege all deine Aufmerksamkeit und deine Achtsamkeit hinein. Vermeide abrupte Bewegungen und versuche die Bewegungen fließend zu halten.

Nimm wahr, was der Raum in dieser langsamen Bewegung mit dir macht. Nimm die Energie wahr, die dich in dieser Zeitlupe der Bewegung umhüllt. Nimm wahr, was diese Energie im Außen, in der Langsamkeit der Bewegung, mit deinem Inneren macht.

Übung 3

In der Stadt

Begib dich in eine Stadt oder einen Ort, wo viele Menschen sind, in einen Ballungsraum. Stelle dich dort auf einen Gehsteig und spüre wieder die gute Verbundenheit mit der Erde. Dein Kopf ist leicht gesenkt, der Nacken sanft nach oben gezogen, sodass deine Wirbelsäule eine gerade, aufrechte Linie bilden kann. Deine Augen bleiben offen, und du nimmst das Treiben der Menschen, das Vorbeifahren der Autos wahr.

Du bist mit deiner Aufmerksamkeit ganz bei dir und ganz im Außen und du nimmst wahr – ohne etwas zu tun –, wie es dir in deinem Inneren geht, was sich verändert, was sich bewegt, was sich dir offenbart. Nimm einfach wahr, was kommt, und erkenne. Übe dich in der Wahrnehmung und spüre, welchen Einfluss Äußeres auf dich, auf dein Inneres nimmt.

Übung 4

In der Natur

Begib dich in die Natur, wähle dazu eine Wiese, einen Bach, einen Wald. Es sollte ein Gebiet der Natur sein, das unberührt ist von einer Stadt oder einer Siedlung. Es sollte wirklich freie Natur sein und kein Park. Suche dir einen Platz, der dich anzieht, und richte dich so aus, dass du das Reich der Natur vor deinen Augen hast.

Deine Körperhaltung ist aufrecht, der Kopf leicht gesenkt, der Nacken streckt sich sanft nach oben. Spüre wieder, wie deine Fußsohlen gut verbunden sind mit der Erde.

Nimm nun zunächst mit geöffneten Augen und später noch einmal mit geschlossenen Augen wahr, was Äußeres aus dem Reich der Natur in deinem Inneren macht. Spüre all die Bewegung, spüre alle Energie, spüre Gefühle, Emotionen, nimm alles wahr, was kommt.

Erkenne die Unterschiede der Einflüsse von Stadt und Natur und nimm wahr, was sie in deinem Inneren bewirken. Nimm einfach wahr.

Diese Übungen ermöglichen dir ein verfeinertes Bewusstsein, eine verfeinerte Wahrnehmung dessen, was im Außen ist. Durch das bewusste Lenken deiner Aufmerksamkeit auf das Außen kannst du spüren, was es mit dir macht.

Eine Übung, die du alleine machst, für dich im Raum, wird anderes in dir bewegen als eine Übung in der Stadt mit vielen Menschen. Erkenne all das, was dich bewegt und hochkommt, und du wirst erkennen, was dich nährt, was dich bereichert und was dich weiterführt auf deinem immer differenzierter werdenden Bewusstseinsprozess. Du wirst auch erkennen, was dich blockiert und hindert und abhält, in diesen Prozess zu gehen. Alle Dinge, die dich stören und Energien blockieren, stehen wie eine Wand zwischen dir und dem erweiterten Bewusstsein.

Durch Achtsamkeit erweitert sich das Bewusstsein

Die Achtsamkeit im Augenblick ist ein Haltungs-Prozess, der zu einer erhöhten Wahrnehmung, zu mehr Sensibilität und zu einer Bewusstseins-Erweiterung führt. Durch das bewusste Praktizieren dieser Achtsamkeit wird sich dein Wesen verändern, deine Gesichtszüge werden sich wandeln. Wie vorher erwähnt, breitet sich Sanftheit aus und Ruhe kehrt ein, da du verweilen kannst im Moment des Augenblicks.

Leben im Hier und Jetzt

Durch die Achtsamkeit im Augenblick bist du endlich dort angekommen, wo du bist, nämlich im Hier und Jetzt. Unser Leben gestaltet sich häufig im Morgen oder im Übermorgen, oder im Wünschen oder in der Unzufriedenheit. Wir vergessen ganz den Blick auf das, was wir haben. Es ist eine große Wertschätzung wahrzunehmen, was ist und was wir haben. Damit wird sich unser Blick verändern und Dankbarkeit wird einkehren. Wir werden die Schönheit in allem, was ist, entdecken, und sie wird uns erfreuen und uns nähren. Jeder Moment kann dadurch Fülle und Reichtum werden, wenn wir uns ihm öffnen und ihm die Achtsamkeit erweisen.

Achtsamkeit uns selbst gegenüber

Jede Achtsamkeit ist nicht nur eine Achtsamkeit dem Moment gegenüber, sondern auch eine Achtsamkeit uns selbst gegenüber, uns die Zeit, die Ruhe zu geben, dort zu verweilen, wo der Augenblick sich uns in seiner Vielfalt, in seinen Möglichkeiten offenbart. Viele Dinge werden sich auftun, werden Realität. Dinge, die vielleicht schon lange als Wunsch in dir waren, die du jedoch in der Eile, in deiner ewigen Hast im Moment übersehen hast. Alles ist immer vorhanden in Fülle und Reichtum und wartet nur darauf, gesehen und wahrgenommen zu werden. Gönne dir die Achtsamkeit des Augenblicks, und innerer Reichtum wird dich erfüllen, und Ruhe und Sanftheit kehren in dich ein.

Die Achtsamkeit ist eine Qualität des Herzens

Achtsamkeit bedingt Herzensgüte, und die Herzensgüte mit ihrer Herzöffnung bringt die Achtsamkeit hervor. Die Achtsamkeit ermöglicht dir einzutauchen in das, was ist. Sie ermöglicht dir einzutauchen wie in ein Wasser, in das du dich hineinlegst, es genießt und dich treiben lässt. Achtsamkeit ist auch die Seele baumeln lassen. Die Achtsamkeit ist die größte Erholung, die ein Körper haben kann, denn in ihr offenbart sich die Ruhe. Übe dich in der Achtsamkeit. Gib dich in Achtsamkeit dem hin, was dir begegnet, und entdecke die Schönheit, entdecke das Wirken, entdecke das Sein. Die Achtsamkeit öffnet dir Räume, die du vorher nie betreten hast.

Brücken-Übungen

Die Achtsamkeit ist eine Qualität des Herzens. Die nächsten drei Übungen bringen Bewegung in unsere Herzen, sie lassen uns die Schönheit entdecken.

Übung 5

Die Geste der Herzöffnung

Suche dir einen Platz, an den du dich hingezogen fühlst. Du kannst diese Übung im Stehen, aber auch im Sitzen machen.

Im Stehen stehst du hüftbreit, die Wirbelsäule ist aufrecht, der Kopf leicht gesenkt und der Nacken sanft nach oben gezogen. Du stehst entspannt und spürst den Kontakt zum Boden.

Falls du sitzen möchtest, wähle den Schneidersitz und achte auf deine aufrechte Haltung.

Schließe deine Augen und nimm dich wahr. Gedanken, die kommen, lass sie einfach sein und lass sie ziehen. Sie dürfen sein, bekommen jedoch keine Bedeutung. Lass sie wie den Wind an dir vorbei streichen. Wenn ein Gedanke länger bei dir bleiben möchte, lass es einfach zu. Je mehr du loslässt, umso weniger halten sie an dir fest. Verwehre dich deiner Gedanken nicht, lass sie einfach zu, sie brauchen noch deinen Raum.

Nimm dich wahr, spüre deinen Körper, spüre dein Gesicht, spüre deinen Hals, deine Arme, deine Hände, deine Finger.

Spüre deine Brust, deinen Bauch, dein Becken, dein Perineum. Spüre deine Oberschenkel, deine Knie, deine Waden und deine Füße. Nimm dich nun in deiner Gesamtheit mit deinem ganzen Körper wahr. Lass all das zu, was kommt.

Bewege nun deine geschlossenen Augen zur Nase und schaue mittig nach oben zu deinem dritten Auge. Entdecke in diesem dritten Auge ein Seil, das in dir von deinem Kopf bis zu Erde hinabhängt. Und an dieses Seil hängst du dich und gleitest Stück für Stück, begleitet von deinen Augen, im Inneren abwärts bis zur Nase, bis zum Mund, bis zum Hals, bis zum Herzen. Dort angelangt bleibst du stehen, drehst dich so, dass du aus dir herausschauen kannst, legst deine Hände auf dein Herz und schenkst dir ein Lächeln. Ein Lächeln, das dich berührt.

Bleibe in diesem Lächeln und bewege deine Hände und deine Arme in eine Geste, die für dich das Symbol der Öffnung deines Herzens ist. Bewege, bringe in Bewegung, was dein Herz öffnet. Ob klein oder groß, bewege deine Hände und Arme und bleibe dabei in deinem Lächeln. Wenn die Bewegung vollbracht ist, bleibe in dieser Position, in dieser Haltung und in deinem Lächeln.

Spüre, was diese Bewegung und das Lächeln mit dir und deinem Inneren machen. Erkenne die Veränderung und erkenne das Wirken dieser Bewegung. Sie hat Größe und Kraft.

Diese Geste der Herzöffnung bringt durch eine Bewegung im Außen eine Bewegung in deinem Inneren mit sich. Es ist eine Übung, die du täglich mehrmals tun solltest, denn sie bringt in Bewegung und lässt Veränderung entstehen, die getragen ist von Sanftheit. Güte wird aus dir herausströmen und wird in dich hineinströmen und wird in dir strömen. Nutze diese Übung für dich, um all deine Blockaden zu lösen. Immer dann, wenn du vor Schwierigkeiten oder vor deinen Emotionen stehst, die dich bewegen, erschüttern oder ängstigen, nutze diese Übung mit dem Lächeln und der Geste der Herzöffnung, und du wirst dich befreien aus den Zwängen der Polarität.

Diese einfache Übung – mehrmals täglich durchgeführt – bringt ungeahnte Möglichkeiten und Lösungen auf allen Ebenen.

Übung 6

Die Schönheit entdecken

Diese Übung kannst du mit verschiedenen Dingen gestalten. Du kannst eine Blüte betrachten, du kannst eine Tasse betrachten, du kannst ein Blatt betrachten oder einen Wassertropfen. Wähle immer wieder Neues in deiner Betrachtung.

Setze dich in den Schneidersitz, das Becken ist aufgekippt, der Rücken gerade, der Kopf leicht nach unten gesenkt und der Nacken sanft gestreckt. Lege in deine Hände oder vor dir auf einen Teller, auf ein Tablett oder auf den Tisch den von dir erwählten, zu betrachtenden Gegenstand.

Lenke deine Aufmerksamkeit mit deinem Blick auf das Objekt und verweile. Beobachte das, was du siehst. Nutze jeden Win-

kel des Objektes, um deine Aufmerksamkeit dort hineinzugeben. Wenn du ein Blatt betrachtest, betrachte jede Maserung, jede Zeichnung, die unterschiedlichen Farbspiele, betrachte Zacke um Zacke des Randes. Nimm alles wahr.

Dann erfüllst du dich wieder mit deinem Lächeln und betrachtest mit diesem Lächeln das Objekt, und du wirst immer mehr, je öfter du dich in diese Übung begibst, die Schönheit entdecken. Sie wird sich dir von mal zu mal immer mehr zeigen, bis sie dich einhüllt und umschmiegt und nährt und bereichert.

Diese Übung mache bewusst mit Objekten aus dem Reich der Natur, wie einer Blume, einem Blatt oder einem Tautropfen. Wähle aber auch bewusst Gegenstände aus dem Reich der künstlichen Materie. Es gibt Gegenstände, die ursprünglich aus dem Reich der Natur stammen, wie z. B. unser Besteck aus Metall. Du wirst dort eine andere Schönheit wahrnehmen können, als wenn es Dinge aus dem Bereich der Natur sind, die noch nicht verarbeitet wurden. Wähle aber auch Gegenstände aus Kunststoff, die auch ihre Grundlage im Reich der Natur haben, jedoch durch ihre Verarbeitung so weit verändert wurden, dass keine Natur mehr spürbar ist.

Nimm die drei unterschiedlichen Qualitäten wahr, und du wirst erkennen, dass, je naturbelassener das zu betrachtende Objekt ist, um so mehr Lebendigkeit, um so mehr Leben, eine um so reinere Schönheit sich dir zeigen wird, denn wirklich nähren und erfüllen kann nur die Schönheit, die sich uns aus dem Reich der Natur offenbart. Alles andere kann Schönheit beinhalten, doch die Lebendigkeit nimmt mit jedem Verarbeitungsprozess ab. Und auch die bereichernde und erfüllende Schönheit wird dadurch immer geringer.

Diese Übung kannst du auch mit einem Menschen gestalten. Wenn du diese Möglichkeit hast, solltest du sie nutzen.

Übung 7

Die Schönheit im Gegenüber entdecken

Setz dich in den Schneidersitz, mit leicht aufgekipptem Becken, geradem Rücken, leicht gesenktem Kopf und sanft gestrecktem Nacken einer Person gegenüber. Der Abstand sollte so groß sein, dass sich eure Knie im Schneidersitz nur ganz sanft berühren. Lenke deinen Blick auf ihr Gesicht, und betrachte und schenke ihr in der Betrachtung dein Lächeln. Nimm auf, was du in deinem Gegenüber wahrnimmst. Dein Lächeln wird dir die Türe öffnen, um die Schönheit, die jedem Menschen innewohnt, zu erkennen.

Je tiefer du mit deiner Wahrnehmung in diesen Prozess eintauchst und je öfter du diese Übung machst, desto mehr wird sich dir die Schönheit dieser Person in allem widerspiegeln, in Haut und Haaren, in Augen und Mund. Ihre Schönheit des Herzens wird aus jeder Pore sichtbar werden.

Alles ist Übung, alles ist Weg

Alle Übungen brauchen, wie der Name schon sagt, Übung. Du solltest sie immer wieder in deinen Alltag integrieren, denn nur das Üben und das Sich-Hineinversetzen und das Tun bringen Bewegung, bringen Veränderung. Bewusstsein ist nichts Statisches, es ist ein Prozess, den wir Schritt für Schritt begehen können. Wir müssen es nur tun und uns immer wieder daran erinnern, es zu tun und uns in Bewegung zu bringen.

Die Achtsamkeit lässt die Stille erleben

Die Achtsamkeit offenbart dir den Raum der Stille, in dem du dich in Ruhe und Gelassenheit hingeben kannst und wahrnehmen kannst. Der Raum der Stille öffnet deine Poren, ermöglicht dir eine erhöhte Sensibilität für alles, was ist, und erweitert damit dein Bewusstsein. Du wirst in kleinen Dingen viele wichtige Dinge entdecken, viele Weisheiten erfahren, du wirst erkennen, dass alles Wesentliche, alles Wichtige so nah ist.

Die Achtsamkeit bringt Erkenntnis

Die Achtsamkeit öffnet dir den Raum der Erkenntnis. Viele Zusammenhänge werden dir klar durch das bewusste, achtsame Wahrnehmen und Eintauchen in das, was du gerade betrachtest, was du gerade genießt, wo du dich gerade hinbegibst. Der Raum der Erkenntnis offenbart dir das Verständnis, das alles in allem enthalten ist. Alles ist komprimierte kosmische Energie. Alles, was im Großen ist, ist auch im Kleinen. Der Raum der Erkenntnis gibt dir Weisheit und Bescheidenheit, denn der große Zusammenhang wird darin sichtbar, dass alles NICHTS und nichts ALLES ist. Die Essenz kann durch die Achtsamkeit im Raum der Erkenntnis wahrgenommen werden, die Essenz der Schöpfung, die Essenz allen Seins.

Die Achtsamkeit bringt die Liebe ins Fließen

Die Achtsamkeit öffnet dir den Raum der Liebe. Durch die Hingabe wirst du die Schönheit entdecken, und die Liebe wird fließen zu allem, was in dein Wahrnehmungsfeld tritt: die Liebe zu den Bäumen, die Liebe zu der Natur, die Liebe zu den Kindern, die Liebe zu den Mitmenschen, die Liebe zu allen Lebewesen. Durch die Achtsamkeit öffnet sich dein Herz, die Liebe kann strömen hinaus oder auch strömen hinein, es ergibt sich ein Geben und Nehmen, ein liebevoller Fluss. Wenn wir in Achtsamkeit sind, können wir durch die Liebe, die daraus entsteht, in einen friedvollen menschlichen Umgang kommen. Wertungen und Anmaßungen hören auf, denn die Liebe ist kraftvoll und wird überdecken, wo das Laster uns hinzieht.

Der Raum der Liebe bietet den Boden für die liebevolle Wahrnehmung dessen, was du betrachtest, die Liebe zum Detail, die Liebe zum Ganzen, die Schönheit, die Pracht der Schöpfung in einer Blüte, einem Wasserstrudel, in einem Baum. Die Liebe wird fließen und sich zu erkennen geben in allem, dem du mit Achtsamkeit begegnest.

Die Achtsamkeit ist der Schlüssel, der das Tor öffnet zu dir und aus dir heraus. Die Achtsamkeit ist der Schlüssel, der die Pforte öffnet in das Tal des Lebens. Du wirst Dinge erkennen und erfassen und erfahren, die deinem Leben bisher verborgen blieben.

Die Achtsamkeit bringt Klarheit

Die Achtsamkeit führt dich weiter in den Raum der Klarheit. Sie lässt dich erkennen das Wesentliche, was ist und was Bedeutung hat. Haltloses, Bestandloses wird verschwinden, wird sich von selbst entfernen, denn die Achtsamkeit in deinem Blick wird erkennen, was nützlich und brauchbar ist und von der Liebe und der Natur getragen ist. Die Achtsamkeit ermöglicht dir durch den Raum der Erkenntnis einen klaren Blick, wie in ein Glas klares Wasser. Du wirst alles erkennen, was sich in diesem Wasser befindet, und du wirst auch alles erkennen, was sich in diesem Wasser spiegelt.

**Du wirst durch die Achtsamkeit
im Raum der Klarheit erkennen,
wer du bist,
durch das, was du im Außen siehst,
denn du wirst nur das sehen,
was du selbst bist.**

Der Raum der Klarheit gibt dir einen Einblick in die Form der Sichtweisen. Der achtsame Umgang mit allem, was ist, ermöglicht dir, durch den Raum der Klarheit dich selbst zu erkennen.

Die Achtsamkeit ist das Tor zum Bewusstsein

Die Achtsamkeit ist die Grundlage für jeden Entwicklungsprozess zu einem höheren Bewusstsein. Ohne die Achtsamkeit ist kein Schritt möglich. Sie ist der Schlüssel zum Tor der Erkenntnis, der Weisheit und des höheren Bewusstseins.

Achtsamkeit ist Hingabe,
ist Schauen,
ist bewusstes Wahrnehmen,
ist sich öffnen.

Sich öffnen bedeutet seine Sinneskanäle öffnen und gleichzeitig wahrnehmen, was du riechst, was du schmeckst, was du siehst, was du hörst, vielleicht auch, was deine Haut oder dein Körper spürt.

Die Achtsamkeit liegt nicht nur im achtsamen Umgang mit dem, was dir im Außen begegnet, die Achtsamkeit ist auch auf dich selbst gerichtet, auf deine Haltung, auf deinen Atem und auf deine Bewegungen. Nimm dich in Achtsamkeit wahr und steuere bewusst deine Haltung, deine Bewegungen, deine Sprache. Sei mit der ganzen Achtsamkeit bei dir und bei deinem Atem.

Hast du diesen Schritt vollzogen, dann nimm gleichzeitig achtsam das Außen wahr. Verbinde die Wahrnehmung der äußeren Welt mit deiner eigenen Wahrnehmung und spüre achtsam, was deine äußere Welt mit deiner inneren Welt vollbringt. Tut es dir gut oder schadet es dir? Nimm auch wahr,was dein Tun mit der äußeren Welt bewirkt. Nimm achtsam wahr und prüfe, denn alles hat Wirkung. Sei achtsam auf deinem Weg und begegne allem auf diesem Weg mit größter Achtsamkeit.

Brücken-Übungen

Übung 8

Atem-Übung

Nimm eine bequeme Haltung im Schneidersitz ein oder auch auf einem Stuhl. Achte auf dein Becken, dass es leicht aufgekippt ist, deine Wirbelsäule gerade und aufrecht ist, der Kopf leicht gesenkt und der Nacken sanft nach oben gezogen ist. Atme mit dem nächsten Atemzug tief in deinen Körper und lasse den Atem fließen, fließen, fließen...

Lenke nun deine Aufmerksamkeit auf deinen Atem und nimm den Fluss deines Atems wahr: dein Einatmen, dein Ausatmen. Atme bewusst und langsam und ziehe deinen Atem durch die Nase langsam hoch. Beobachte und nimm wahr, wie sich der Atem anfühlt, den du in dich aufnimmst. Beobachte ihn bis zu seinem Höhepunkt, um dort wahrzunehmen, wie er seinen Gipfel, seinen Atem-Gipfel überwindet und wieder abwärts fließt. Sobald er in die Abwärtsbewegung geht, fließt der Atem durch den Mund ins Freie. Lass diesen Atem so lange ausfließen, bis du geleert bist und der Impuls des Einatmens sich zeigt.

Bleibe in dieser Atemübung und nimm die aufwärts fließende Atembewegung wahr, das Überwinden des Gipfels und das Abwärtsfließen des Atems.

Übung 9

Atmen und Lächeln im Ausatmen

Dieselbe Übung machst du nun, indem du eine kleine Veränderung mit aufnimmst, nachdem du gelernt hast, mit deiner Aufmerksamkeit bei deinem Atem zu bleiben.

Deine Aufmerksamkeit fließt wieder mit dem Atem durch die Nase aufwärts bis zum Gipfelpunkt, und am Gipfelpunkt gehst du in dein Lächeln und mit dem Lächeln lässt du den Atem abwärts strömen, durch den Mund sanft ins Freie. Diese Übung praktiziere längere Zeit, bis du zum nächsten Schritt gehst.

Übung 10

Atmen und Lächeln im Einatmen

Diese Übung wird wie Übung 8 durchgeführt.

Nun legst du dein Lächeln in den Einatem und führst mit deinem Lächeln den Atemstrom bis zum Gipfel, um dort den Atem wieder nach draußen, nach unten fließen zu lassen.

Übung 11 – Atmen und Lächeln

Wie Übung 8: Deine Aufmerksamkeit ist bei deinem Atem. Mit deinem Lächeln begleitest du deinen Atem bis zum Gipfelpunkt. Das, was sich zeigt, was sich bewegt, spüre und nimm wahr. Am Gipfel wendet der Atem sich dem Abwärts-

strom zu. Du bist gleichzeitig mit einem Lächeln bei deinem Atem und nimmst bewusst wahr. Beobachte das Aufwärtsfließen des Atems mit dem Lächeln, beobachte den Wendepunkt, den Gipfel mit einem Lächeln. Beobachte das Hinausströmen deines Atems mit einem Lächeln.

Nimm bei dieser Übung alles gleichzeitig wahr, den Atemstrom aufwärts fließend und dein Lächeln. Nimm den Wendepunkt wahr mit dem Lächeln, nimm das Ausatmen wahr mit dem Lächeln und spüre gleichzeitig, welche Veränderung in deinem Fühlen, in deinem Sein stattfindet.

Der Augenblick

Augenblick
ist
Schauen im Geiste,
Erkennen
der Schönheit,
des Reichtums
der Schöpfung.

Der Augenblick

Der Augenblick
ist die Erscheinung des Moments,
in dem du gerade bist.

Im Augenblick ruht die Kraft des Universums

Der Augenblick offenbart sich in einem Raum von Bewegung und Ruhe. Der Augenblick ist Fluss, aber auch Stille. Er zeigt sich in einem Punkt, der sich jedoch durch die Achtsamkeit ausweiten kann zu einem immer größer werdenden Kreis. Deine Fähigkeit des Eintauchens mit Achtsamkeit in den Augenblick entscheidet, wie groß der Kreis sich im Augenblick weiten kann. Der Augenblick kann sich weiten zu einem ganzen Ozean. Er ist getragen von der ruhenden Kraft des Universums, das sich offenbart in jedem Moment. Er ist der Träger aller Informationen. Alles Wesentliche, alles Bedeutsame ist in jedem Augenblick erfahrbar und spürbar. Nur die Präsenz der Achtsamkeit ist entscheidend dafür, ob du es wahrnehmen kannst oder nicht.

Der Augenblick entspricht dem ALLES und ist doch nichts, wenn du an ihm vorübergehst. Das ALLES beinhaltet die ganze Welt, das ganze Wissen, das sich im Augenblick zu erkennen gibt, sich in jedem Moment wie eine geöffnete Blüte darbietet, um dir zur Verfügung zu stehen. Der Augenblick ist eine Momentaufnahme von allem, was ist.

Übung 12

Die Momentaufnahme

Begib dich an einen Ort deiner Wahl, draußen in der Natur, in einen Garten oder auch in einen Raum. Nimm eine Position und Körperhaltung ein, die du während der gesamten Übung beibehältst. Schließe deine Augen und öffne sie ganz kurz, nur für einen Moment, einen Augenblick. Nimm wahr, was du in diesem Moment siehst, und schließe deine Augen sofort wieder, wie bei einem Fotoapparat: Verschluss auf, Verschluss zu.

Betrachte in deinem Inneren, was sich dir gezeigt hat, was du sehen konntest, und nun öffne die Augen in derselben Einstellung, ohne Kopfbewegung, und vergleiche die beiden Bilder. Und du wirst erkennen – wenn du den ersten Blick in Achtsamkeit getan hast –, dass du all das gesehen hast, was dir im zweiten Blick ebenfalls sichtbar war.

Die Achtsamkeit ist wie das Scharfstellen eines Fernrohres, das dich eintauchen lässt in einen verfeinerten, intensiveren Blick. Sie erkennt all die Weisheit und all das Wissen, das überall und in Fülle vorhanden ist.

Der Augenblick ist wie ein Lichtstrahl

Der Augenblick ist der Erleuchtungsmoment, der dir das Universum, den Kosmos offenbart. Der Augenblick ist wie ein Lichtstrahl, der einen dunklen Raum durchströmt, durchdringt. Er offenbart sich immer in seiner vollen Pracht, in seiner Fülle, in seinem Reichtum und erhellt alles, was im

Dunkeln ist. Die Dunkelheit ist das, was wir erleben, indem wir immer im Morgen, in der Zukunft sind und nicht im Hier und Jetzt. Wir bewegen uns die meiste Zeit in der Dunkelheit und haben manchmal lichte Momente, in denen der Augenblick mit der Achtsamkeit die Chance erhält, zu erkennen und zu geben, was bedeutsam ist. Solange der Mensch sich in Eile, immer seinen Gedanken voraus durch das Leben bewegt, wird der Augenblick sich nicht offenbaren können und ihm somit keine Erkenntnis, kein Erkennen bringen. Solange er immer bei anderem ist, als dort, wo er gerade ist, wenn er immer seiner Zeit voraus ist und sich damit beschäftigt, was kommen wird und kommen soll, und nie bei dem ist, was er gerade tut, wird sich Bewusstsein in seiner Veränderung, in seiner Erweiterung verschließen. Sein Leben verläuft in einer Art Stagnation. Es bewegt sich kaum von der Stelle, seine Wahrnehmungsprozesse verfeinern sich nicht.

Die Fülle des Augenblicks ist unendlich

Wenn wir dem Augenblick die Achtsamkeit schenken, ist es ein Geben und Nehmen, denn der Augenblick gibt ein großes Geschenk an Wissen und Weisheit zurück. Hier finden wir im Augenblick das Geben und Nehmen zwischen Mensch und Kosmos. Es ist ein Ausgleich, den wir aktiv einleiten können mit unserer Achtsamkeit. Der Augenblick zeigt sich dann in seiner Vielfalt, in seiner Schönheit, in seinem Reichtum, der uns als nie endendes Geschenk dargeboten wird. Die Fülle des Augenblicks ist unendlich, unendlich an Kraft, unendlich an Liebe, unendlich an Weisheit. Hier kannst du nehmen und schöpfen, so viel du möchtest. Begrenzung oder Beschränkung gibt es im Augenblick nicht. Nimm diese Fülle zu dir und nähre dein Sein.

Das Bewusstsein

Weg der Stille führe mich
an den Ort der Kraft,
der Leben erschafft.
Führe mich in das Reich
wahrhaftiger Sinne,
dass sich in mir entspinne
ein Netz aus klar Fäden,
die in mir weben
ein Heim des Getragen,
dass ich kann wagen
offen zu sein.

Das Bewusstsein

Wenn die Achtsamkeit in den Augenblick einfließt,
verschmelzen die beiden
und
Bewusstsein entsteht.

Bewusstsein ist überall

Bewusstsein bedeutet bewusstes Sein, bewusste Wahrnehmung, aufnehmen, was ist, die Essenz erkennen und ergründen. Bewusstsein ist überall, in jedem Menschen, in jeder Pflanze, in jedem Tier, in jedem Stein, in allen Elementen. Überall wohnt Bewusstsein inne.

Bewusstsein ist nicht gebunden an Denkprozesse. Bewusstsein ist Sein in seiner lebendigen Form, in seiner natürlichen Form. Deshalb ist alles, was aus dem Reich der Natur kommt, mit Bewusstsein belegt. Alles, was wächst, alles, was über die Zeit entsteht, trägt Bewusstsein inne, trägt Weltengeist, trägt die Schöpfung in sich. Jeder Fels fasst Bewusstsein: Jahrhunderte, Jahrtausende strichen an ihm vorbei, umspülte ihn Wasser, umstrich ihn der Wind, war er Blitz und Donner ausgesetzt, wurde er vom Regen benetzt. All das, über die Zeit hinweg, nimmt der Fels mit in sich und trägt es als Wissen in sich.

Wir dürfen nicht glauben, dass nur wir Menschen durch die Fähigkeit des Denkens Bewusstsein haben. Auch harte, starre Naturelemente – wie der Fels – tragen Bewusstsein in sich, auch wenn es in unserer Vorstellung schwer ist, dies nachzuvollziehen. Doch das ist derzeit noch unsere begrenzte Vorstellung, unser begrenztes Bewusstsein.

Bewusstsein im Reich der Pflanzen

Jede Pflanze trägt Bewusstsein und atmet mit ihrem Duft Bewusstsein ein und aus, verströmt es in die Welt, tritt in Austausch mit ihr. Seid achtsam mit den Pflanzen, sie haben feines Bewusstsein, tragen eine hohe Schwingung in sich, von solcher Feinheit, dass, wenn man sie hören könnte, sie wie Sphärenmusik klänge.

Sei wohl bedacht, wenn du eine Blume pflückst, sei wohl bedacht, ob du sie pflückst oder ob du sie im Reich der Natur – solange ihre Zeit andauert – in ihrer Schönheit wirken lassen möchtest. Entscheidest du dich dennoch für das Pflücken oder das Schneiden einer Blume, zum Schmuck deines Raumes, dann tue es mit viel Achtsamkeit und Liebe und betrachte sie als einen sehr kostbaren, wertvollen Schatz. So wird sie, wenn auch sehr begrenzt, ihr Bewusstsein, getragen von ihrem Duft und ihrer Schönheit, in deine Räume strömen lassen.

Brücken-Übungen

Begib dich in das Reich der Natur, in einen Garten, auf eine Wiese oder auch in einen Wald, und wähle dir eine Pflanze, eine Blume, die du in deine Betrachtung einbeziehen möchtest. Wir wählen hier in der Beschreibung die Betrachtung einer Blüte auf einer Wiese.

Übung 13

Die Schönheit in der Natur entdecken

Setze dich nieder in den Schneidersitz. Nimm, wie dir nun schon vertraut ist, deine aufrechte Haltung ein und schließe deine Augen. Mit dem nächsten Atemzug lenkst du deine Aufmerksamkeit auf deinen Atem, beobachtest, wie er nach oben streift bis zum Gipfelpunkt, um sich dann mit einem Lächeln in deinen Körper abwärts zu verströmen. Bleibe in diesem Lächeln, öffne nun die Augen und begib dich in die Betrachtung der Blüte.

Nimm diese Blüte wahr und bleibe mit deiner ganzen Aufmerksamkeit bei ihr. Lass Gedanken, die kommen, einfach sein und ziehen. Schenke ihnen keine Bedeutung. Kämpfe auch nicht gegen sie an, lasse einfach das, was kommt. Je sanfter du mit dir und mit deinen Gedanken umgehst und je mehr du sie akzeptieren kannst als Bewegungen in deinem Kopf, um so mehr Ruhe wird einkehren, und du wirst immer mehr in die Gedankenfreiheit, in das reine Beobachten kommen. Lass dir die Zeit, die du brauchst, nimm es ohne Wertung.

Schenke deine Aufmerksamkeit ganz der Blüte und öffne dich ihrem Bewusstsein. Du nimmst die Farbe wahr, du nimmst die Form der Blüte wahr. Nimm ihre Staubgefäße wahr, ihr Innerstes, bis deine Wahrnehmung, dein Bewusstsein, sich immer mehr verfeinert und du jede Schwingung, jede Biegung der einzelnen Blütenblätter wahrnimmst. Bleib immer in deinem Lächeln, denn nur so kann dich ihr Bewusstsein erreichen, mit seiner feinsten Schwingung. Gib dich einfach hin. Es wird wachsen und sich dir offenbaren. Gib dir die Zeit, die du brauchst.

Diese Übung braucht von dir Geduld und Ruhe. Nimm dir die Zeit, die für dich wichtig ist, und setze dir kein Ziel. Je besser du zu Beginn mit deinem Atem zum Gipfel emporziehst und darin dein Bewusstsein bei dir liegt, und je besser du bei dir mit dem Lächeln den Atem in deinen Körper fließen lässt, umso besser kannst du dich deiner Betrachtung widmen. Ab diesem Zeitpunkt, wenn der Atem sich in deinem Körper verströmt, ist deine Aufmerksamkeit nur bei der Blüte, nicht mehr bei deinem Atem. Der Atem fließt selbstständig, und je mehr du dich dem Bewusstsein der Pflanze öffnest, umso ruhiger und gleichmäßiger wird dein Atem fließen.

Übung 14

Veränderungsprozesse wahrnehmen

Hol dir eine Blüte aus dem Reich der Natur, pflücke sie oder schneide sie und stelle sie in eine Vase. Du betrachtest nun eine Blüte, die aus ihrem Reich der Natur entnommen wurde und geschnitten wurde. Je länger das Pflücken oder Schneiden der Blüte verstrichen ist, je länger sie sich bereits in deinen Wohnräumen befindet, umso weniger wird von ihrem Bewusstsein verströmen, denn die Pflanze geht einen Sterbeprozess ein. Diese Übung kannst du an verschieden Tagen durchführen, mit einer frisch geschnittenen Blume, mit einer Blume, die bereits einen Tag in deinem Wohnraum ist, mit einer Blume, die bereits zwei oder mehr Tage in deinem Wohnraum ist. Jede dieser Übungen der verschiedenen Tage verläuft gleich und nimm wahr, was sich in ihrem Bewusstsein verändert.

Setze dich wieder in den Schneidersitz, nimm deine aufgerichtete Haltung ein. Und mit dem ersten Atemzug, begleitet von deinem Lächeln, ziehst du den Atem hoch bis zu deinem Gipfelpunkt, um ihn dann mit dem Lächeln in deinen Körper abwärts fließen zu lassen. Wenn sich der Atem in deinem Körper mit dem Lächeln verströmt, öffne deine Äugen und widme dich dem Betrachten der Blüte, nimm wieder ihre Farben wahr, nimm ihre Form wahr, nimm jede Schwingung ihrer Blütenblätter wahr, nimm das Blüteninnere wahr. Betrachte jede Feinheit, und lass dich in dem Augenblick in ihr Bewusstsein fallen, und nimm wahr, was sich dir offenbart, und erkenne das, was sie als Bewusstsein verströmt.

Achte bei beiden Übungen darauf, wie sich ihr Duft dir zeigt und ob sich andere Räume aus ihrem Bewusstsein dir zeigen. Nimm wahr, was kommt, nimm wahr, was ist. Sei im Augenblick mit all deiner Aufmerksamkeit.

Bewusstsein im Reich der Tiere

Jedes Tier trägt Bewusstsein, trägt Wachheit in sich. Tiere, die in der Natur leben, sind noch sehr verbunden mit dem Kosmos, und ihr Bewusstsein ist feiner, differenzierter als das der Menschen. Tiere dienen dank ihres Bewusstseins dem Menschen als Schutz, als Begleiter, als Helfer. Achtet die Tiere und seid liebevoll und sorgsam mit ihnen.

Dient ein Tier dir als Nahrungsquelle, so sei dies wohl bedacht. Wenn du dich dafür entscheidest, nimm es achtsam und dankbar zu dir und ermögliche ihm einen ehrwürdigen Tod. Doch prüfe genau, ob es für dich wichtig ist. Denn das Leben und deine Nahrung können ausreichend erfüllt sein aus dem Reich der Pflanzen, die sich dir zur Verfügung stellen, denn ihre Natur ist die ständige Wiederkehr im Kreislauf des Jahres. Sie dienen dem Menschen als Quelle der Nahrung und bringen ihr Bewusstsein nährend im Menschen mit ein. Wird ein Tier in Achtsamkeit als Nahrungsergänzung mit hereingenommen, kann sein Bewusstsein dem Menschen ebenfalls dienen. Doch wer es achtlos tötet und achtlos züchtet, kann sein Bewusstsein nicht aufnehmen, denn es ist zu seiner Lebzeit schon erloschen. Die Tierhaltung mit ihrer Achtsamkeit ist entscheidend für die Qualität der Nahrung.

Ebenso ist es im Reich der Pflanzen. Je achtsamer und liebevoller der Boden bestellt wird und die Pflanzen gepflegt werden, desto reicher wird die Ernte sein und desto mehr Nahrung steht zur Verfügung.

Bewusstsein im Menschen

Bewusstsein ist in jedem Lebewesen. Bewusstsein ist im Menschen. Bewusstsein trägt durch die Möglichkeit des Denkens im Menschen zwei Seiten. Wir bezeichnen sie hier als „dunkle“ und „helle“ Seiten. Sind die Gedanken eines Menschen von Habgier, Neid, Hass oder Macht besetzt, so wird sich sein Bewusstsein in der Art entfalten, dass seine Schwingungsqualität sehr niedrig, dunkel und dumpf klingend bleibt. Dieses Bewusstsein entwickelt seine Destruktivität und seine Machtstrukturen aus und bleibt in seiner Begrenztheit. Es kann sich nur in die Weite und Breite entwickeln, auf einem niedrigen Niveau, flach und breit.

Ist das Denken eines Menschen, das Fühlen eines Menschen von Liebe, Bescheidenheit und Vertrauen gekennzeichnet, wird sich sein Bewusstsein derart entwickeln, dass es in einem hohen Ton schwingt, der, wenn man ihn als Klang erleben würde, wie feinste Harfenmusik in hohen Tönen klingt. Wie Sphärengesang ertönt das Lied dieses Bewusstseins. Es ist getragen von der Schwingung der Liebe, die sich ausbreitet, sowohl in die Weite als auch in die Höhe. Es ist ein Bewusstsein, das Räume erfüllt. Das Bewusstsein eines Menschen mit positiven, lichten Grundgedanken ist fähig, sich unendlich zu erweitern. Es ist von hoher Qualität.

Bewusstsein durchdringt alle Räume

Dieses Bewusstsein durchdringt alle Räume, denn seine Schwingung ist so fein und hochfrequent, dass es alles durchdringen kann. Diese Feinheit des Bewusstseins erleben wir bei Menschen, deren Anblick in Schönheit sich offenbart, deren Nähe wir suchen, deren Worte uns gut tun, deren Lächeln uns berührt. Ruhe und Frieden strahlt aus diesen Gesichtern, denn ihr Bewusstsein erreicht unser Herz, durchdringt es und öffnet es in Sanftheit und Achtsamkeit.

Das Bewusstsein entdecken

Bewusstsein ist gütig, ist sanft, ist wach. Bewusstsein offenbart sich im Raum der Farbe, im Raum des Klanges, offenbart sich im Raum der Liebe. Wer in diese Räume mit seinem Bewusstsein eindringt und eintaucht, kann die Größe dessen erfassen, was möglich ist, was es in sich trägt, kann ihre Weite, ihre Schönheit, ihre Vielfalt entdecken. Es ist ein Abenteuer, die Reise mit dem Bewusstsein. Ein Abenteuer, das seine Faszination und seine Lebendigkeit nie verliert. Eine Reise in die Unendlichkeit der Schönheit, der Erkenntnis von allem, was ist. Eine Reise ins ALLES und NICHTS. Die Schönheit dieser Reise wird dein Auge blenden, da das Licht des Bewusstseins so hell und glänzend, jedoch so sanft ist, dass es dir schwer fallen wird, deinen Blick abzuwenden. Diese Reise ist wie Magie, ist Faszination, ist Sehnsucht, ist eine Reise, die von Liebe getragen ist.

Bewusstsein im Hand-Werk

Hand-Werk, das sich natürlicher Materialien aus dem Reich der Natur bedient, in dem von Menschen gefertigt wird, trägt Bewusstsein. Je liebevoller und achtsamer das Handwerk vollzogen wird, desto mehr Bewusstsein gibt der Mensch hinein, und es verbindet sich mit dem Bewusstsein des Rohstoffes aus der Natur. Verwendet das Handwerk daneben auch tote Stoffe, verbindet sich Lebendiges mit Totem und die Kraft des Bewusstseins, das in dem Lebendigen liegt, wird auf einer niedrigeren Ebene schwingen und je nach Menge und Mischungsverhältnis sogar erlöschen.

Brücken-Übung

Übung 15

Wahrnehmung von Naturmaterialien

Wähle für diese Übung ein Naturmaterial aus reiner Seide, aus reiner Schafwolle, oder reiner Baumwolle oder reinem Leinen.

Begib dich wieder in eine aufrechte Sitzhaltung im Schneidersitz und nimm diesen Stoff oder dieses Tuch oder dieses Kleidungsstück in deine Hände.

Lenke dein Bewusstsein mit dem nächsten Atemzug, getragen von deinem Lächeln mit dem Einatem hoch bis zum Gipfelpunkt und lasse deinen Atem mit dem Lächeln in deinen Körper abwärts strömen. Wenn der Atem in dir verströmt ist, bleibe in deinem Lächeln, denn es öffnet dir das Tor zu deinem Herzen.

Spüre die Naturfaser in deiner Hand und nimm wahr, was du spürst. Nimm die Temperatur wahr, die sie ausstrahlt. Nimm die Bewegung wahr, die zu spüren ist. Nimm ihre Beschaffenheit wahr, nimm ihren Duft wahr. Lass dich nun ganz in diese Naturfaser hineinsinken, immer getragen von deinem Lächeln, und öffne dich den tieferen Botschaften, spüre was ihr innewohnt. Achte auf deine inneren Bilder, achte auf deine Wahrnehmung, achte auf das, was kommt. Nimm wahr, was diese Naturfaser mit dir macht. Was sie in dir bewegt, ob sie dich nährt, bereichert, umhüllt. Nimm wahr, was sich zwischen ihr und dir austauscht. Nimm ihre feine Schwingung wahr, und sie wird dir erzählen von ihren Kräften, von ihrem

Wirken, und ihr Wissen und ihre Weisheit aus ihrem Bewusstsein wird dich erreichen. Verweile mit diesem Naturstoff so lange, bis der Moment gekommen ist, wo du all ihr Wissen empfangen hast.

Diese Übung kannst du immer wieder für dich machen, denn im Prozess der Bewusstwerdung und des differenzierten Wahrnehmens wird sich dein Spüren und dein Empfinden von mal zu mal verfeinern und erweitern. Es ist ein Übungsprozess, ein sich Einlassen, das ständige Wiederholung bracht. Diese Übung machst du immer wieder, auch mit anderen Naturmaterialien, mit reinen Materialien aus der Natur, um zu erkennen, welche Qualitäten jeder einzelnen Naturfaser innewohnen.

Beobachte, was sie mit dir und deinem Inneren macht, ob sie dich wärmt, ob sie dich kühlt, ob sie dich umhüllt. Vielleicht kannst du sogar entdecken, welche Naturfaser für dich zu welcher Jahreszeit die bessere ist. Mit diesen Übungen kannst du dein Bewusstsein für die Stoffe aus der Natur so verfeinern und erweitern, dass du erkennen und erspüren kannst, was deinem Körper gut tut, was ihn umhüllt, was ihn bereichert aus dem Bewusstsein der Natur.

Natürliche Materialien tragen Bewusstsein in sich

Tote Materialien sind zu schwer, zu dicht in ihrer Form, sie erdrücken und dämpfen ab. Deshalb haben viele unserer Kleidungsstücke keine wirkliche Qualität mehr. Denkt nur, wie es sich anfühlt, eine naturbelassene Seide auf dem Körper zu spüren. Es ist wie ein Schmeicheln, eine Wohltat, es stimuliert die Sinne und gibt dir Wohlgefühl. Nimmst du die Wolle eines Schafes, reinigst und kämmst sie, spinnst sie zu einem Faden, verarbeitest sie weiter, wird sie dir Wärme und Hülle geben. Das schenkt dir Wärme und Wohlgefühl, das tut dir bis in die Seele gut.

Wir haben aber auch Naturmaterialien, die ausschließlich aus dem Reich der Natur sind und trotzdem kein Bewusstsein mehr in sich tragen. Die Verarbeitung, die Handhabung, die fehlende Wertschätzung vernichteten das Bewusstsein. Es sind dann Kleidungsstücke, die kein echtes Wohlgefühl in uns auslösen, die keine Verbindung mit uns eingehen.

Kleidungsstücke, die aus Kunstfasern erzeugt sind, tragen kein Bewusstsein in sich. Du spürst ihre Kälte, das ist die Leblosigkeit des Materials. Die Kälte lässt keinen Kontakt zwischen dir und dem Material entstehen.

Brücken-Übung

Übung 16

Wahrnehmung künstlicher Materialien

Wähle dir für diese Übung ein Material aus einer Kunstfaser wie Polyester. Dieses Material oder Kleidungsstück sollte aus reiner Kunstfaser, aus reiner Synthetik bestehen, um dich den Unterschied klar erfahren zu lassen.

Begib dich wieder in eine aufrechte Sitzhaltung und nimm dieses Material in deine Hände. Schließe die Augen und mit dem nächsten Atemzug, begleitet durch dein Lächeln, ziehst du deinen Atem hoch bis zum Gipfelpunkt und nimmst bewusst, mit all deiner Aufmerksamkeit, getragen von deinem Lächeln, das Hineinfließen des Atems in deinen Körper wahr. Das Lächeln lässt den Atem in deinen ganzen Körper verströmen, und du öffnest dich über deine Hände dem Material und erspürst seine Information, erspürst sein Bewusstsein.

Nimm die Temperatur dieses Materials wahr, nimm seine Bewegungen wahr, nimm seine Schwingung wahr. Nimm wahr, wie es sich mit dir verbindet, nimm wahr, was es dir gibt. Nimm wahr, was es mit dir macht. Ist es hüllend, ist es distanziert, ist es stagnierend oder wärmend? Erkenne, was in diesem Material innewohnt, ob es dich nährt und bereichert. Lausche hinein, ob dieses Material Informationen für dich trägt, und beobachte, ob du Bewusstsein in diesem Material entdecken kannst.

Diese Übung zeigt dir den Unterschied zwischen den Materialien aus dem Reich der Erde und den Materialien aus dem Bereich des Künstlichen, des Synthetischen. Es zeigen sich dir verschiedene Spür-Empfindungen, die du in Bezug zu dir wahrnehmen solltest, um zu erkennen, was dich nährt, was dich bewegt, dich umhüllt und dir gut tut. Du wirst auch erkennen, je öfter du dich diesen Übungen mit Achtsamkeit und Bewusstheit hingibst, was diese Materialien für dich an Bedeutung haben und dir helfen und dich unterstützen, bei deinen eigenen erweiternden Bewusstseinsprozessen.

Die Wärme eines Holzfeuers berührt in der Tiefe

Dieser Unterschied zwischen Naturmaterialien und Kunstfasern ist in etwa vergleichbar mit dem Unterschied in der Wärme, die ein Holzfeuer abstrahlt und die ein Elektro-Ofen abstrahlt. Wärme ist gleich Wärme, und doch sind sie grundverschieden. Die eine dringt vor bis zu dir, die andere hat keine Bewegung, deshalb kann sie auch nicht eindringen, es fehlt Bewusstsein, das dich berührt. Die Wärme eines Holzfeuers durchdringt den Ofen, dringt in dich ein, verbindet sich mit dir, wärmt dich. So ist es: Bewusstsein ist Bewegung, ist Lebendigkeit in allem, was ist.

Der Umgang mit Tieren erfordert Achtsamkeit

Gänsedaunen haben eine wärmende Qualität, doch in der Daune ist auch das Bewusstsein des Schmerzes, des Leids, das diesen Tieren beim Entfernen der Daunenfedern zugefügt wurde. Naturmaterialien, wie z. B. die Wolle des Schafes, tragen Bewusstsein, doch ohne Schmerz. Das Scheren sollte liebevoll vollzogen werden, damit die Angst der Tiere nicht in die Wolle dringt.

Schaf-Felle wärmen, doch es ist die Haut eines Tieres, das sich opferte, damit es dir gut gehen kann. Entscheidend ist immer die Haltung, wie mit den Tieren umgegangen wurde. Es gibt sicher auch Gänse, die pfleglich behandelt werden, doch die Gänse, die für den großen Markt genutzt werden, werden brutal behandelt. Ihr solltet deren Daunenfedern meiden.

Brücken-Übungen

Übung 17

Wahrnehmung von Schafwolle

Für diese Übung brauchst du Schafwolle, am besten unversponnen, unverarbeitet, nur Schafwolle, die frisch geschoren wurde. Sollte diese für dich schwierig zu bekommen sein, kannst du auch Schafwolle, die schonend verarbeitet wurde – jedoch am besten noch ungefärbt ist – verwenden. Die Eindeutigkeit der Informationen ist umso besser für dich wahrnehmbar, je weniger die Wolle einem Verarbeitungsprozess unterlag.

Begib dich wieder in den Schneidersitz, nimm eine aufrechte Haltung ein und schließe deine Augen. Richte deine Aufmerksamkeit auf deinen Atem. Führe deinen Atem beim Einatmen, getragen von einem Lächeln, hoch bis zum Gipfelpunkt und lass ihn dann mit dem Lächeln abwärts fließen und in deinem Körper verströmen. Wenn sich der Atem in deinem Körper verströmt hat, um zum nächsten Atemzug zu kommen, lenkst du deine Aufmerksamkeit in die Hände, in die Wolle, die in ihnen liegt.

Spüre die Qualität dieser Wolle, spüre ihre Temperatur, spüre ihre sanfte Bewegung, ihre Schwingung, spüre ihr Bewusstsein, ihre Information, was sie zu sagen hat. Nimm in der Wolle das Leben des Tieres wahr, von dem sie stammt. Nimm wahr, was diese Wolle dir gibt. Nimm wahr, was diese Wolle mit dir macht, welche Gefühle sie auslöst, welche Gefühle sie in Bewegung bringt. Spüre, wie sich die Wolle mit deinem Bewusstsein verbindet. Nimm all das wahr, was kommt: Bilder,

Gefühle, Emotionen. Tauche ein in das Bewusstsein der Wolle.

Übung 18

Wahrnehmung von Gänsedaunen

Für diese Übung brauchst du eine Handvoll Gänsedaunen. Du kannst sie in jedem Bettengeschäft erhalten.

Setze dich in den Schneidersitz, nimm eine aufrechte Haltung ein und schließe deine Augen. Mit dem nächsten Atemzug lenkst du deine Aufmerksamkeit, getragen von einem Lächeln, nach oben bis zum Gipfelpunkt und mit dem Ausatmen verströmt sich dein Lächeln abwärts in deinen Körper. Bevor der nächste Atemzug einsetzt, lege deine ganze Aufmerksamkeit in deine Hände, in die Gänsedaunen.

Nimm ihre Temperatur wahr, nimm ihre Bewegung wahr, ihre Schwingung. Nimm durch sie das Tier wahr, von dem sie stammen. Nimm das Leben, die Sprache des Tieres wahr, die in den Daunen zum Ausdruck kommt. Nimm wahr, welche Gefühle, Emotionen sich bei dir ankündigen, und nimm wahr, was die Gänsedaunen für eine Wirkung auf dich haben. Was geben sie dir? Was lösen sie in dir aus? Was bewegen sie in dir? Tauche in ihr Bewusstsein ein und nimm wahr, was sie in deinem Bewusstsein bewegen.

Bewusstsein öffnet Räume

Bewusstsein öffnet Räume

Bewusstsein öffnet und verfeinert unsere Wahrnehmungssysteme. Sie werden immer differenzierter und klarer, und unsere Wahrnehmungssysteme ermöglichen uns immer tiefer und tiefer in Bewusstseinsprozesse einzusteigen. Unsere Schwingung wird immer feiner, schwingt immer höher, so dass sich neue Wahrnehmungsmöglichkeiten für uns ergeben. Bewusstsein zeigt sich uns in verschiedenen Qualitäten, zeigt sich uns in verschiedenen Facetten, das auch wir differenziert wahrnehmen können. Bewusstsein öffnet sich uns in verschiedenen Räumen, die wiederum von jedem Menschen in ihren Erscheinungsformen unterschiedlichst wahrgenommen werden können.

Je besser wir unsere Aufmerksamkeit im Augenblick geübt haben, umso näher kommen wir dem Moment, dem Moment, wo Bewusstsein sich uns zeigt und wir es wahrnehmen. Denn Bewusstsein ist nichts anderes als das Eintauchen mit all deiner Aufmerksamkeit in den Augenblick.

Der Raum des Klanges

Gegrüßet seist du,
Klang der Stille,
deine Feinheit
inspiriert meine Sinne,
deine Klarheit
offenbart mir mein Sein,
lässt mich kehren
in mein Herze ein.

Der Raum des Klanges

Die Achtsamkeit taucht in den Augenblick ein
und verschmilzt zu Bewusstsein,
und du betrittst den Raum des Klanges.

Der Klang ist die Sprache der Natur

Bewusstsein öffnet sich in verschiedenen Räumen, die unterschiedlich wahrgenommen werden können. Bewusstsein zeigt sich im Klang, Klang, der alles umhüllt und alles trägt. Jede Pflanze ist umhüllt von einem Klang, einem Klangbild, das ihr eigenes ist. Jeder Baum ist umhüllt von seinem ureigenen Klang und gibt sein Lied in den Kosmos. Und so gesellt sich jeder Klang zum nächsten und ein großes Weltenorchester entsteht, das im Raum des Bewusstseins erfahren werden kann. Klänge erreichen unser Bewusstsein in einer sehr hochfrequenten Form. Klänge sind sehr feinstofflich, können viele Räume durchdringen und erfüllen. Klänge können Erfahrungen transportieren, können sie erweitern und sie pulsierend in den Raum bringen. Bewegung bringt der Klang ins Spiel. Der Klang ist die Sprache des Naturreiches, mit ihm offenbart sich das Reich der Natur. Klänge harmonisieren, verfeinern, entwickeln Energieformen, Energiebahnen, Strömungen in der Atmosphäre.

Die Schönheit der Natur erreicht dich durch ihren Klang

Wenn du auf eine blühende Wiese kommst oder an einen Bachlauf, der von Gräsern, Schlüsselblumen, Weiden gesäumt ist, wirst du von der Schönheit berührt. Diese Schönheit erreicht dich nicht nur durch das Auge, es erreicht dich ihr Klang aus dem Raum des Bewusstseins. Du wirst diesen Klang nicht wirklich von seiner Akustik her hören. Doch je mehr Achtsamkeit du dem Augenblick schenkst, desto mehr kann sich dein Bewusstsein verfeinern, erweitern und dir den Raum des Klanges eröffnen. Der Raum des Klanges ist formgebend, ist sanft und weich und fließend. Er durchdringt unser Bewusstsein und erfüllt uns mit seiner Harmonie. Diese können wir nur im Reich der Natur finden. Alles, was der Mensch künstlich erschafft an Gärten, an Natur, wird diese Schönheit und dieses Klangbild nie erreichen, denn der Mensch ist von außen formgebend und legt den Grad seines eigenen Bewusstseins in diese Formgebung des Gartens. Kreiert die Natur sich selbst aus Mutter Erde heraus, entwickelt die Natur ihr eigenes Lied, und es ist stimmig und voller Harmonie. Nur dort, wo der Mensch aus seinem Bewusstseinsstand heraus eingreift, wird diese natürliche Harmonie verändert, manchmal auch zerstört.

Die Natur gibt uns Ruhe und Erholung, Heilung und Segnung

Die höchste Klangqualität finden wir in der unberührten Natur, deshalb berührt sie uns tief im Inneren und gibt Heilung und Segnung den Menschen. Empfinde dies selbst einmal nach, wenn du der Erholung bedarfst und den Rückzug suchst. Was empfindest du beim Besuch eines Parks, um dir Ruhe und Erholung zu geben? Was empfindest du und nimmst du auf und welche Kräfte kannst du schöpfen? Und dann beobachte, wenn du nach Ruhe und Erholung suchst, was sich bei dir tut bei einem Spaziergang an einem Waldrand, auf einer Wiese, an einem Bach entlang. Zwei unterschiedliche Klangräume kannst du im Reich der Natur hier finden: das eine Reich der Natur, von Menschenhand geschaffen, das andere Reich der Natur, aus der Natürlichkeit gewachsen.

Der Spaziergang am Waldrand berührt dich ganz tief, denn seine Klänge sind so fein. Sie durchdringen und nähren dich, erfüllen dein Herz, die Seele und deinen Körper, erfüllen deinen Geist. Du wirst berührt und durchstrahlt von diesen Klängen, die dich wieder einschwingen in das Schwingungsmuster, das Klangbild von Ruhe, Frieden und Harmonie.

Der Spaziergang im Park hat ein anderes Klangbild von niederen Frequenzen, denn es entspricht dem Bewusstsein des Gärtners und dem Bewusstsein derer, die ihn pflegen. Es entspricht nicht dem natürlichen Wuchs: Hier wird gestaltet, beschnitten, geformt. Das Klangbild des Parks kann nie das Schwingungsniveau erreichen, das dem Klangbild der Natur, des Waldes, der Wiese gleich kommt. Deshalb ist Erholung, ist Heilung durch die Klänge im Park nur begrenzt möglich.

Nutze jede Gelegenheit, um dem Raum des Klanges in der Natur zu begegnen. Lege deine gesamte Aufmerksamkeit in diesen Augenblick, so kannst du die Fülle und die Kraft aus der Schwingung der Klänge in dich aufnehmen und dich erfüllen. Die Schwingung dieses Klanges aus dem Reich der Natur ist eine heilende Schwingung, sie bringt ins Gleichgewicht, was vorher aus der Bahn geworfen war, sie ist der Segen des Menschen. Der Raum des Klanges zeigt sich in der Frequenz der Harmonie.

Zen-Gärten

In solchen Gärten kannst du auch hohe Klänge und Frequenzen wahrnehmen, doch nicht von natürlicher Qualität. Es sind andere Klänge, die sich in anderen Klangformationen zeigen. Je nachdem, was der Zen-Meister an Bewusstseinsstand in seine Formgebung hineinlegt, wird es in unterschiedlichen Klangräumen erklingen. Diese Gärten klingen in Themen. Der Klangraum der Zengärten offenbart sich in Themenräumen, offenbart sich im Raum der Klarheit, im Raum der Stille, im Raum der Erkenntnis, im Raum der Kontemplation. Unter diesen Aspekten wird das Klangbild des Gartens im Zen erschaffen, um dir die Unterstützung zu geben, in diesen Raum einzutauchen und dort die Weisheit zu schöpfen.

Meditations-Reise

Der Raum des Klanges

Begib dich in eine bequeme Sitzposition, bevorzugt in den Schneidersitz. Du kannst aber auch auf einem Stuhl sitzen oder auf dem Boden liegen. Hilfreich ist immer, wenn du deinen Beckenboden, dein Perineum, das Wurzelchakra, durch deine Sitzhaltung mit dem Boden, der Erde, verbindest. So bist du gut verbunden mit der Kraft der Erde, mit der Kraft deines Ursprungs, mit der Kraft deiner selbst.

Richte deine Wirbelsäule auf, halte den Kopf leicht gesenkt, und der Nacken mit der gesamten Wirbelsäule zieht sanft nach oben und streckt sich. Durch diese Streckung stellst du die Möglichkeit des Energieflusses her, der dich verbindet mit dem Unten, deiner Wurzelkraft, und mit dem Oben, deiner Scheitelkraft. Dein Scheitelchakra kann sich öffnen, und die Energien zwischen Himmel und Erde fließen in dir. Dieser Fluss kann jedoch nur im Austausch sein, wenn dein Herz sich öffnet, um diese Energien durchfließen zu lassen.

Nimm dein Lächeln in deine Lippen auf und lege deine Hände auf dein Herz. Mit der Geste der Herzöffnung gehst du nun in die Bewegung mit deinen Händen, getragen von deinem Lächeln, die dein Herz öffnet. In dieser Haltung verweilst du so lange lächelnd, bis dein innerer Impuls einsetzt und deine Hände, deine Handaußenflächen sich auf deinen Knien und Oberschenkeln niederlassen.

Lenke deine Aufmerksamkeit auf deinen Atem und auf dein Lächeln. Deine Aufmerksamkeit geht mit dem nächsten Atemzug hoch bis zum Gipfelpunkt, getragen von deinem Lächeln, und mit dem Ausatmen verströmt sich dein Lächeln mit dem Atem in deinen Körper, bis in all deine Körperzellen. Nimm diese Bewegung wahr, dieses Strömen, dieses Erfüllen. Deine Aufmerksamkeit geht nun mit auf eine Reise in das Reich des Bewusstseins.

Wir begeben uns auf eine Wanderschaft, auf einen Spaziergang, eine Wanderung in das Reich der Natur. Unser Weg dorthin führt uns zu einem großen Gebäude, einem alten, großen, steinernen Gebäude, das von vieler Menschen Hände erbaut wurde. Ein altes Gebäude, das viel gesehen und gehört hat und alles in sich trägt. In diesem Gebäude ist ein runder Durchgangsbogen, in dem eine alte, schwere, hölzerne Türe sich befindet. Diese Türe hat schwere eiserne Angelhaken und einen eisernen Griff, mit dem sie geöffnet werden kann. Du öffnest diese Tür und staunst über den Anblick, der sich dir hinter diesen Mauern offenbart:

Es ist eine Landschaft, eine Winterlandschaft, die sich dir in hellstem, klarem Weiß zeigt. Dicke Schneehauben ruhen auf den Bäumen, auf den Ästen. Der Weg ist gesäumt von hohen Schneebergen. Wir begeben uns auf den Weg, und mit jedem Schritt hören wir das Knirschen im Schnee. Es ist ein dumpfes Knirschen, das Schritt für Schritt an deine Ohren gelangt. Es ist ein Weg, der uns weit, weit über die verschneite Wiese führt, von deren Grün nichts mehr zu sehen ist. Der Weg führt einen Berg hinab, um sich dort unten wieder zu erheben, und wir machen uns zu einem kleinen Anstieg bereit. Ein Blick nach hinten auf den bereits gegangenen Weg, auf das alte Gebäude mit dem hölzernen Tor, lässt uns noch einmal wahrnehmen, wo unser Ausgangspunkt war. Und liebevoll lassen wir ihn in unserem Blick zurück und wenden uns unserem Weg, unserem neuen, noch unbekannten Weg zu.

Es ist ein Weg, der aufwärts führt, und wir müssen Schritt für Schritt sehr achtsam sein, da der Schnee auch Glätte beinhaltet und wir sonst stürzen könnten. Schritt für Schritt setzen wir unseren Fuß gezielt auf den Weg, immer stetig bergauf. Das dumpfe Knirschen im Schnee begleitet uns. Nimm den Schritt, den Klang, das Geräusch des Schrittes im Schnee wahr.

Versuche nun in deinen Schritt eine Regelmäßigkeit zu bringen, einen Rhythmus, der dich in eine gleichmäßige Bewegung bringt: Schritt für Schritt, Schritt für Schritt immer im gleichen Takt. Nimm diesen Rhythmus, diesen Takt des Schrittes in dich auf, bis du dieses innere Lied hörst:

Schritt für Schritt und
Schritt für Schritt
ertönt der Klang
ertönt Mu-sik …

Schritt für Schritt und
Schritt für Schritt
ertönt der Klang
ertönt Mu-sik …

Schritt für Schritt und
Schritt für Schritt
ertönt der Klang
ertönt Mu-sik …

Immer weiter führt dich der Weg mit diesem Rhythmus, mit diesem Klang, immer weiter in die Höhe, immer höher, immer höher. Der Rhythmus trägt dich, und es fällt dir leicht, diese Anhöhe zu beschreiten, denn der Rhythmus trägt dich, sein Klang trägt dich, seine Musik ist der Motor, der dich bewegt und dich eintauchen lässt in den Rhythmus, in den Schritt.

Dieses Schritt für Schritt
Schritt für Schritt
ertönt der Klang
ertönt Mu-sik
gibt dir die Möglichkeit, alle Gedanken loszulassen …

Alle Gedanken entfernen sich,
fließen davon,
du wirst leerer und leerer …

und Schritt für Schritt entleert sich dein Kopf,
und Schritt für Schritt befreit sich dein Geist,
und Schritt für Schritt ertönt Musik,
in dir erklingt die Leere, das NICHTS …

Alles ist weiß, weiß ist Klarheit, weiß ist Reinheit, offenbart sich im NICHTS …

Schritt für Schritt,
Schritt für Schritt,
ertönt der Klang,
ertönt Mu-sik.

Sie befreit deinen Geist, bringt Ruhe und Kraft. Der Gipfel ist in Sicht. Der Weg ist gebahnt.

Schritt für Schritt im gleichen Schritt steigen wir den Weg empor und nehmen jeden Klang des Schrittes in uns auf. Der Rhythmus trägt uns und gibt uns die Kraft.

Noch wenige Schritte, dann haben wir den Gipfel erreicht, der Gipfel, der uns die Möglichkeit gibt zu schauen, zu schauen...

Mit dem nächsten Schritt haben wir den Gipfel erreicht. Du stellst dich mit beiden Beinen gut verwurzelt auf die Gipfelhöhe des Berges, und rund um dich ist nichts zu sehen, wie Nebel liegt unter dir, und alles ist umhüllt von diesem Nebel.

Dein Lächeln kann alles befreien. Lege dein Lächeln auf deine Lippen und lege deine Hände auf dein Herz. Begib dich in die Geste der Herzöffnung, bewege deine Hände und Arme, und mit dem nächsten Atemzug öffne sie und verströme dich in die Welt hinein, und so, wie deine Bewegung dich öffnet, öffnet die Bewegung die Nebelwand, und es tut sich dir ein Blick auf, wo Wälder, Wiesen und ein Gewässer, ein See sich dir zeigen, die von der strahlenden Wärme der Sonne erfüllt sind, und im Staunen und im Wahrnehmen dieser Pracht, dieser Schönheit, ertönt in dir, in deiner Ruhe, in deiner Mitte, der erste Klang aus dem Reich der Natur. Nimm ihren ersten Klang wahr und nimm ihn in dich auf:

der Klang der Stille,
der Klang der Weisheit.

Und je mehr du dich diesem Klang hingibst, umso mehr Klänge tauchen auf und erfüllen dein Ohr, erfüllen deine Seele.

Ein Klang nach dem anderen ertönt. Die Natur stimmt ihr Lied an, dich zu berühren, dich zu erfüllen, nimmt dich mit hinein in ihre Schwingung, in die Schwingung von Harmonie, in die Schwingung von Friede, in die Schwingung der Mitte. Denn in der Mitte liegt die Kraft. Kraftvoll in dir, kraftvoll in deinem Herzen, denn dort in deinem Herzen hörst du die Klänge aus dem Reich der Natur. Nimm diesen Klang, dieses Orchester in deinem Herzen wahr. Begib dich mit all deiner Aufmerksamkeit in diesen Bewusstseinsraum hinein.

Wenn du diesen Raum mit all seinen Klängen in dir wahrgenommen und in dich aufgenommen und in dir verströmen lassen hast, nimm all das dankbar zu dir, nimm deine Hände wieder zu deinem Herzen und erweise der Natur deine Dankbarkeit, deine Ehrfurcht und deine Achtung. Achtung für das, was sie dir gibt und was sie dir möglich macht an Erfahrungen, an Wissen und an Bewusstsein.

Mit diesem Bewusstsein gehen wir nun unseren Weg weiter – nicht zurück –, sondern weiter. Der Weg führt uns auf die andere Seite des Berges. Es ist ein Weg, der den Berg seitlich kreuzt, sodass uns der Abstieg, das Weitergehen leicht fällt.

Leichtigkeit umschmiegt unser Herz, unsere Seele, unser Sein. Beschwingtheit, Bewegtheit erfüllt den Geist. Wir schweben fast auf unserem Weg, doch die Füße sind gut verbunden mit dem Boden, sodass Sicherheit und Halt in uns ruhen. Wir gehen diesen Weg, bis wir zu einem Tunnel kommen, einem Tunnel, der sich uns in seiner Dunkelheit zeigt und uns jedoch auch die lichte Öffnung auf der anderen Seite in klarem, hellem Licht zu erkennen gibt. Wir gehen hinein in diesen Tunnel, und die Dunkelheit zeigt sich zwar als Dunkelheit, doch wir sind geführt von dem Licht der anderen Seite, wie hingezogen, wie angezogen, wie geführt. Wir gehen darauf zu mit unserem Lächeln und werden von diesem Licht aufgenommen und sind wieder hier in dieser Welt, in diesem Raum, in diesem Körper, der erfüllt ist von dem Licht und erfüllt von dem Klang, der uns einen neuen Weg, ein neues Bewusstsein zeigte. Ein neues Bewusstsein mit einer feineren höheren Schwingungsfrequenz, das sich uns zeigte im Klang aus dem Reich der Natur.

Der Raum
der Farbe

Verweile, oh Augenblick,
im Moment der Stille
und offenbare uns
deine Schönheit.

Der Raum der Farbe

Wenn die Achtsamkeit in den Augenblick eintaucht,
sie zu Bewusstsein verschmelzen,
eröffnet sich der Raum der Farbe.

Der Raum der Farbe öffnet sich uns wie eine Knospe, wie eine Blüte, die sich langsam öffnet und uns ihre innerste Pracht offenbart. Der Raum der Farbe hat im Gegensatz zum Klang umhüllende Wirkung. Der Klang durchdringt und erfüllt, die Farbe gibt Hülle und Wärme.

Der Raum der Farbe gibt uns Hülle

Der Raum der Farbe ist wie in den Armen der Mutter liegen, ihre Wärme und ihren Schutz empfangen, umhüllt sein. Die Farben zeigen sich in einer lichten, zarten Qualität. Der Raum der Farbe kann auch nur aus dem Reich des Natürlichen empfangen werden. Alles Künstliche wie Kunststoffe hat zwar Farbe für das Auge, hat jedoch keine Farbe im Bereich des Feinstofflichen. Somit ist es wichtig und bedeutsam, sich mit dem Natürlichen, mit Dingen aus der Natur zu umgeben und die Begegnung in der Natur und mit der Natur zu suchen. Dort zeigt sich uns der Raum der Farbe mit seiner Vielfalt und Pracht, mit Farben, die uns nicht nur ihr Farbspektrum zeigen, sondern auch noch unterschiedliche Strahlungsqualitäten. Es ist ein Lichterspiel inmitten der Farbenpracht. In etwa so, als wenn sich Sonnenlicht auf einem See spiegelt, der die Strahlung intensiviert und zurückgibt.

Im Raum der Farbe finden wir keine grellen Farben, haben die Farben zwar Tiefe, doch auch Feinheit. Eine Feinheit, die uns umschmiegt und umhüllt und uns Geborgenheit und Wohlbehagen empfinden lässt. Das Farbspektrum ergießt sich in den Farben des Regenbogens mit all seinen Schattierungen, in all seinen Mischungen.

Rot-Töne spenden Kraft

Die rötlichen Töne spenden uns Wärme, Kraft, Reichtum und Fülle. Sie haben nährenden Charakter und stimulieren unser System, energetisieren, pulsieren und machen aktiv. Die rötlichen Töne werden sehr kraftvoll erlebt, ohne gepuscht zu werden, und dennoch gehen wir gestärkt hervor, mit gestärkter Willenskraft, mit gestärkter Aktivität, mit Tatendrang, der von Sanftheit getragen ist. Die roten Töne beleben die Lebensenergie in deinem Körper, geben dir Kraft und Stärke. Die Rot-Töne umhüllen dein Herz und geben dir Wärme und Kraft.

Gelb-Töne unterstützen Visionen

Das Farbspektrum der Gelb-Töne erfüllt uns mit Leichtigkeit, mit Getragensein, mit dem Luftelement. Sie beinhalten Höhenflüge, Ideenreichtum, Intuition und Weisheit, denn sie schaffen Verbindung zum Geistigen. Sie eröffnen uns die

Möglichkeit des Sich-treiben-Lassens und doch Getragenseins. Sich treiben lassen im Reich der Sinne, im Reich des Genießens. Die Gelb-Töne beleben und machen uns wach und forcieren unser Denksystem. Trotz der Leichtigkeit geben sie uns Struktur, geben sie uns Führung und Klarheit. Die Gelb-Töne sind wie ein Wegweiser und geben uns den Impuls des Gehens, des Voranschreitens, des Sich-weiterentwickeln-Wollens. Gelb-Töne wollen sich ausdrücken, wollen zur Sprache bringen, wollen sich zeigen, wollen in Bewegung bringen, haben Schaffenskraft. Sie eröffnen uns den Raum des Wirkens mit neuen Ideen, neuen Visionen, denn der Blick wird durch dieses Farbspektrum erweitert.

Blau-Töne geben Vertrauen

Das Farbspektrum der Blau-Töne gibt Schutz und Hülle, die weniger von Kraft getragen sind, sondern mehr von Vertrauen, dass alles seine Ordnung hat und alles seinen Sinn hat. Blau erfasst die Ganzheit, ist getragen von der Weisheit und verhilft dir in den Blick der Ganzheit. Blau-Töne verbinden dich mit dem göttlichen Aspekt der Klarheit, der Reinheit, und schenken dir Ruhe und Getragensein in göttlichem Vertrauen. Blau gibt eine Hülle, ohne wirklich gehalten zu sein, es ist so sanft, es gibt Freiheit, es ist einfach anwesend. Dieses Farbspektrum der Blau-Töne ist getragen von dem Wissen, dass alles NICHTS und NICHTS ALLES ist, von dem Wissen der großen Weisheit. Blau-Töne geben dir Ruhe und Sicherheit und Vertrauen, dass alles seine Richtigkeit hat, geben dir Vertrauen, dass alles Weg ist, Weg zum Ziel. Die Blau-Töne verhelfen dir, dein Ziel klar zu erkennen. Sie verschaffen Klarheit im Geiste und helfen dir, dich dem göttlichen Aspekt zu öffnen. Die Blau-Töne wirken im Kopfbereich und bringen Offenbarung und Ausdruck.

Bewusstsein entspringt aus diesen drei Räumen und ergießt sich ins ALLES, kommt zurück und speist dein System von deinem Kopf über die Kehle zum Herzen und nährt dann alle unteren Chakras aus diesem Bewusstseinsprozess heraus. Die unteren drei Chakras empfangen die Weisheit, die Kraft aus der Erde, sie steigt nach oben und vereint sich im Herzen mit den Bewusstseinsprozessen der oberen drei Chakras. Um diese Bewusstseinsprozesse im Raum des Klanges und im Raum der Farbe erfahren zu können, muss dein Herz bereit sein, sich zu öffnen, muss die Herzöffnung vollzogen werden, nur dann kann es fließen, nur dann kannst du den Raum des Klanges und den Raum der Farbe betreten und dich erfüllen mit der Schönheit des Augenblicks.

Meditations-Reise

Der Raum der Farbe

Um den Raum der Farbe zu betreten, begeben wir uns nun auf eine Reise, auf eine Reise zu dir, auf eine Reise von dir in die Natur, in das Reich der Erde.

Suche dir eine bequeme Sitzposition auf einem Stuhl oder im Schneidersitz. Wenn du auf einem Stuhl sitzt, ist es wichtig, dass deine Fußsohlen guten Kontakt zum Boden haben, die Wirbelsäule ist aufrecht, der Kopf leicht gesenkt, und der Nacken streckt sich sanft nach oben.

Wenn du den Schneidersitz wählst, achte darauf, dass dein Becken leicht aufgekippt ist und du eine gute Verbindung zwischen deinem Wurzelchakra und dem Boden, der Erde spürst. Deine Wirbelsäule ist aufrecht, der Kopf leicht gesenkt, der Nacken streckt sich sanft nach oben. Die Streckung des Nackens ermöglicht dir, dass die Energien besser fließen können und mehr innere Bewegung stattfinden kann.

Schließe deine Augen und lasse dich ein auf die Reise in den Raum der Farben.

Lenke deine Aufmerksamkeit auf den nächsten Atemzug, schenke dir ein Lächeln und ziehe den Atem hoch bis zum Gipfelpunkt. Mit dem Lächeln lässt du den Atemstrom wieder abwärts sinken. Mit dem Ausatmen verströmst du dein Lächeln und damit die Energie in deinen Körper. Sie fließt in alle Poren, in alle Zellen, sie fließt bis in die Fingerspitzen, bis in die Zehen, sie erfüllt deinen ganzen Körper.

Wenn der nächste Atemzug einsetzt, lenke deine Aufmerksamkeit wieder auf das Einatmen, das Lächeln begleitet den Atem bis zum Gipfelpunkt. Dort angekommen richtest du deine geschlossenen Augen erst zur Nasenmitte, dann von der Nasenmitte hoch zum dritten Auge. Mit dem nächsten Ausatmen lässt du deine Augen mit dem Atemstrom abwärts sinken, bis du mit deinen Augen innerlich am Herzen angekommen bist.

Lege deine Hände auf dein Herz, und mit dem Lächeln auf deinen Lippen machst du die Geste der Herzöffnung. Du gehst in die Bewegung mit Händen und Armen, die deiner individuellen Herzöffnung entspricht. Dann gehst du mit deinem inneren Auge durch dein Herz hindurch und begibst dich in das Innere.

Im Innersten deines Herzens beginnt nun eine Reise, eine Reise durch ein Labyrinth, ein Labyrinth, das dunkel und für dich doch klar zu erkennen ist. In diesem Labyrinth gibt es nicht nur Gänge, es gibt auch Stufen, die dich höher führen. Du steigst diese Stufen hinauf, begibst dich in den nächsten Gang, bis du wieder eine Stufe entdeckst, auf die ein Lichtstrahl von außen trifft. Du steigst diese Stufen empor …

Stufe um Stufe,
Schritt für Schritt.
Stufe um Stufe,
Schritt für Schritt,
dem Licht entgegen,
das sich mit dem Schatten bricht.

Stufe um Stufe
Schritt für Schritt,
dem Licht entgegen,
das sich mit dem Schatten bricht.

Stufe um Stufe,
Schritt für Schritt,
dem Licht entgegen,
das sich mit dem Schatten bricht.

Licht und Schatten begegnen dir auf jeder Stufe und wandeln ihre Gesichter, je höher du kommst. Wenn du die Stufen ganz oben erreicht hast, trifft der Lichtstrahl auf die letzte Stufe, und du begibst dich in diesen Lichtstrahl hinein. Er umhüllt dich, er umstrahlt dich und er zeigt dir den Weg, den Weg hinaus aus dem Labyrinth, aus der Tiefe deines Seins. Hinaus in das Leben, hinaus in die Welt.

Die Welt ist erschaffen aus der Kraft der Natur. Sie zeigt sich in ihrer Vielfalt, in ihrer Pracht. Die letzten Schritte sind getan im Labyrinth des Lebens. Der Lichtstrahl weist den Weg. Er trifft auf ein großes, hölzernes Tor. Dieses Tor in rötlichem, festem Gemäuer hat klare Form und klare Struktur. Dieses Tor wirst du nun öffnen, und es offenbart sich dir ein

Raum, ein Raum, der sich dir zeigt in seiner Farbenpracht, in seiner Farbenpracht aus dem Reich der Natur.

Die Farbenpracht zeigt sich dir im Reich des Himmels in all seinen Tönen des Blau, sie geben dir Hülle, sie geben dir Schutz und bringen Ruhe und Frieden in dir. Nimm dieses Blau wahr, nimm es in dich auf und umhülle dich mit ihm.

Die Töne des Rot sind aus der Erdenkraft, sind die Töne der Erde, die dich stärken und wärmen, die dir die Kraft zum Leben für deinen Körper geben. Spüre die Kraft der Rot-Töne aus dem Reich der Erde. Sie wohnen in deinem Körper, in deinem Wurzelchakra. Sie geben dir Kraft und Lebensenergie, Halt und Sicherheit. In diesem Reich der Blau-Töne des Himmels und der Rot-Töne der Erde bist du liebend entstanden, in der Mitte zwischen diesen beiden Farbspektren. Es ist dein Herz, das sich dort wiederfindet aus der liebenden Vereinigung zwischen Himmel und Erde. Sie zeigt sich im Gelb, in den Tönen des Gelb, das dir die Vision, die Lebendigkeit verschafft und ermöglicht, in Bewegung zu kommen, in Entwicklung zu kommen. Dieses Gelb erschafft dir die Möglichkeit und den Raum für Fortpflanzung, für Klarheit, für Wirken zwischen Himmel und Erde, zwischen Mensch und Mensch, zwischen Mensch und allen Seinsformen.

Rot und Blau sind wie eine Wiege. Rot von unten die Wiege, Blau von oben der Wiegenhimmel, und inmitten breitet sich das Gelb, umschmiegt, umhüllt von den Tönen des Blau, von den Tönen des Rot. Nimm dieses Farbenspiel in dir wahr und nimm all seine Kraft in dich auf. Diese Kraft wohnt dir inne, in deinem Zentrum, in deinem Herzen. Es ist die Kraft der Mitte im Reich der Farben.

Die Farben sind unendlich in ihrer Vielfalt, in ihrer Pracht. Ihre Vielfalt offenbart sich dir in vielen Mischungen, in vielen Zwischentönen. Lass das ganze Farbspektrum in dir erscheinen und gib dich dieser Farbenpracht, dieser Farbenkraft hin. Sie wird dich nähren und erfüllen und stärken. Nimm das ganze Spektrum in dich auf und begib dich weiter auf deinem Weg, auf deinem Weg zu dir in dein Herz. Ein Weg zu dir, der immer ist und immer war und immer wieder neu begehbar ist, Stufe um Stufe, immer höher, immer näher zu dir, zu deiner Essenz.

Aus deinem Herzen begibst du dich nach draußen, gehst mit dem nächsten Atemzug mit den Augen innerlich nach oben und lässt am Gipfelpunkt deinen Atem mit dem Lächeln wieder nach unten ausbreiten, und all deine Aufmerksamkeit ist in den Atem gelegt.

Du bist wieder hier in diesem Raum, bei dir, und öffnest deine Augen.

Der Raum
der Liebe

Der Weg der Stille
lässt klar erkennen
den Reichtum,
die Fülle,
die Liebe allen Seins.
Bringt endlich dein Wesen
im Suchen zur Ruhe
und führt dich zurück
in dein ureigen Heim.

Der Raum der Liebe

Die Achtsamkeit tritt ein in den Augenblick,
verschmilzt mit ihm
und Bewusstsein entsteht.

Die Liebe trägt und gibt Raum

Der dritte Raum, den du betrittst, ist der Raum der Liebe, einer allumfassenden und bedingungslosen Liebe. Dieser Raum durchdringt und belebt und erfüllt den Raum des Klanges und den Raum der Farbe. Dieser Raum der Liebe ist wie der Boden, ist wie eine sich ausbreitende Hand, ist wie ein Trägerstoff für den Raum des Klanges und den Raum der Farbe. Die Liebe trägt und gibt den Raum für Farbe und Klang. Die Liebe ist fein und alles durchdringend. Sie öffnet die Poren und erschließt den Menschen die Möglichkeit, sich für die Räume von Klang und Farbe zu öffnen.

Die Qualität des Raumes der Liebe ist so fein wie die Samtheit eines Blütenblattes, eines Rosenblattes. Die Liebe umschmiegt und trägt und offenbart und ist der Raum, in dem Entfaltung möglich ist und möglich wird. Erst durch die Liebe können sich der Klang und die Farbe entfalten und in Bewegung gebracht werden. Klang und Farbe liegen sanft im Raum der Liebe wie in zwei ausgebreiteten, liebevollen Händen. Die Liebe bewegt und macht es möglich, Klang und Farbe zu bewegen, um sie in Form zu bringen.

Die Liebe ist der Träger des Bewusstseins

Die Liebe eröffnet die Möglichkeit, das Bewusstsein im Herzen zu erweitern, denn das Herz ist das Tor, durch das unser Bewusstsein als erstes schreitet.

**Die Liebe bereitet den Weg,
auf dem das Bewusstsein gleiten kann
wie das Schiff auf einem Fluss.**

Die Liebe schafft den Raum für Erfahrungen des Bewusstseins, sich im Raum des Klanges und der Farbe zu entdecken und zu erkennen. Die Liebe führt das Bewusstsein aus dem Herzen aufwärts in den Kehlbereich, um sich von dort aus über den Scheitel mit dem Kosmos zu verbinden. Die Liebe ermöglicht das Bewusstsein durch unsere Körper zu führen, es mit dem Kosmos zu verbinden, um es dann wieder in uns aufzunehmen. Ein ewiger Kreislauf entsteht und wird uns ermöglichen, unser Bewusstsein immer mehr und mehr zu erweitern.

Der Raum der Liebe ist von Sanftheit getragen und zeigt sich in feinem, pastellfarbenem rosa Pfirsich-Licht. Die Liebe schwingt durch alle Räume und ermöglicht die Erkenntnis, die Erweiterung, die Erfahrung.

Die Herzöffnung ist die Grundlage

Die Liebe ist das Fahrzeug für unseren Bewusstseinsprozess. Daher ist die Herzöffnung so wichtig und der erste Schritt für eine erweiterte Wahrnehmung, für ein erhöhtes Bewusstsein.

Nur ein befreites Herz, das seine Ängste, seine Emotionen aus Verstrickungen und Blockaden gelöst hat, kann sich vertrauensvoll öffnen und einen neuen Weg gehen, der getragen ist von den Qualitäten des Herzens, von Liebe, Achtsamkeit, Mitgefühl und Dankbarkeit. Dies ist ein Weg des Herzens, ein Weg der Mitte, denn die wahre Lebenskraft kommt aus dem Herzen.

Die Herzöffnung ist die Voraussetzung für alle Bewusstseinsprozesse, denn nur ein befreites Herz, das bereit ist, sich zu öffnen, und bereit ist, einzutauchen in den Raum der bedingungslosen Liebe, ermöglicht uns ein Eintauchen in immer mehr Achtsamkeit mit uns selbst und allem Sein.

Der Raum der Liebe birgt alles in sich

Der Raum der Liebe bringt die Erkenntnis, dass die Liebe alles trägt, alles formt, alles einbindet. Es ist ein Raum der Allumfassendheit, es ist der Trägerstoff des Lebens. Der Raum der Liebe ermöglicht uns, alles zu ergründen, alles zu durchschreiten, alles zu erkennen, alles zu lösen. Wer diesen Raum betritt und sich in ihm erkennt, kann schöpfen in seiner Unendlichkeit, kann schöpfen in seiner Unendlichkeit der Kraft, in seiner Unendlichkeit des Wissens, in seiner Unendlichkeit der Liebe, denn die Liebe ist der Boden, ist die Erde, ist der Himmel. Die Liebe ist alles, die Liebe ist rund, die Liebe zeigt sich uns in einer runden Form, die sich verströmt im Außen und damit formlos, gestaltlos wird, denn die Liebe ist frei, sie kennt keine Grenzen.

Meditations-Reise

Der Raum der Liebe

Wir begeben uns auf eine Reise zu uns, auf eine Reise hinaus, um zu erkennen, dass der Raum der Liebe in uns und außerhalb von uns überall und immer gegenwärtig ist.

Je öfter du dich auf diese Meditation einlässt, umso näher wirst du Schritt für Schritt dir selbst und dem Raum der Liebe kommen. Auch das ist ein Prozess, keine statische Form, keine statische Erfahrung, es ist Prozess, es ist Wandel. Öffne dich dem, was kommt, öffne dich wertfrei, sei dankbar dafür, dass du an Erfahrung und an Einblick gewinnen kannst, denn alles ist Weg, Weg zum Ziel.

Nimm eine bequeme Sitzhaltung ein. Dein Beckenboden, dein Wurzelchakra, das Perineum ist gut in Kontakt mit dem Boden, mit der Erde. Wähle die für dich angenehmste Sitzhaltung, entweder auf dem Stuhl oder im Schneidersitz. Bedeutsam ist eine gute Verbundenheit zwischen deinem Wurzelchakra und deiner Sitzfläche, dem Boden, der Erde.

Die Wirbelsäule ist aufrecht, der Kopf leicht gesenkt, der Nacken zieht sich etwas in die Höhe, um eine sanfte Streckung deiner Wirbelsäule zu bewirken, damit deine Energien freier fließen können. Lass dich nun ein auf diese Reise, eine Reise zu dir, eine Reise in die Unendlichkeit, eine Reise in die Freiheit, die alles ist und alles war und alles immer sein wird.

Schließe deine Augen, und mit dem nächsten Atemzug lenkst du deine Aufmerksamkeit auf deinen Atem. Ziehe deinen Atem mit deinem Lächeln hoch bis zum Gipfelpunkt, um ihn dann mit dem Lächeln abwärts fließen zu lassen, mit all deiner Aufmerksamkeit, und alles verströmt sich in deinen Körper, in deine Brust, in dein Herz, in deinen Bauch, in dein Wurzelchakra, dein Perineum, in deine Beine und deine Füße.

Spüre, wie sich diese Energie in deinem Wurzelchakra anfühlt. Spüre die Kraft deiner Herkunft in deinem Schoß und spüre, wie deine Energie, deine Kraft sich aus dem Wurzelchakra in die Erde bewegt, sie Wurzeln treibt und sich mit Mutter Erde verbindet, um die Kraft aus ihr, aus dem Reich der Rot-Töne, kraftvoll in dich aufzunehmen.

Mit dem nächsten Atemzug, begleitet von deinem Lächeln, ziehst du die Kraft der Rot-Töne aus Mutter Erde hoch, leitest sie durch dein Wurzelchakra, führst sie in deinen Bauch, in dein zweites Chakra, dein Sexualchakra, führst sie weiter in deinen Solarplexus, dein drittes Chakra, und leitest sie dann in dein Herz. Lass diese Energie in der Kraft der Rot-Töne in deinem Herzen fließen.

Lege nun deine Hände auf dein Herz, und mit dem Lächeln führst du die Geste der Herzöffnung aus. Es ist deine eigene, ganz persönliche Bewegung, mit Armen und Händen, die für dich der Ausdruck der Öffnung deines Herzen ist. Es eröffnet sich dir ein Raum, der getragen ist von einem sanften Licht, ein Licht, so sanft wie die aufgehende Morgensonne, ein Licht, so sanft und fein und rein, das dich nur Friede und Freiheit und Getragensein verspüren lässt.

Dieses Licht, dieses sanfte Licht, ist das Licht in dir, in deinem Herzen. Es ist das Licht der Erde, das sich in dir vereint in deinem Herzen.

Mit dem nächsten Atemzug gehst du mit deiner Aufmerksamkeit mit dem Atem aus dem Herzen hoch in dein fünftes Chakra, dein Kehlchakra, und weiter durch deinen Kopf bis zum dritten Auge und dann weiter bis zum Scheitel unter deiner Schädeldecke. Dort öffnet sich dein Scheitel wie eine Blüte, wie ein Lotus. Nimm diese Blüte wahr, und dein Licht aus deinem Herzen strömt durch dieses Chakra, über diese Blüte ins Freie, ins Universum zum Himmel, um sich dort zu erfüllen mit der Kraft des Kosmos.

Mit dem nächsten Atemzug nimmst du mit deiner gesamten Aufmerksamkeit, getragen von deinem Lächeln, diese Kraft des Kosmos über deine Blüte, über deinen Lotus im Scheitel wieder herein zu dir, führst diese Kraft, diese Energien durch deinen Kopf, deinen Hals bis zum Herzen. Dort zeigt sich dir in Sanftheit und Weichheit ein Licht, das der Dämmerung entspricht, ein sanftes Licht der untergehenden Abendsonne, das weich und samtig sich schmiegt und schmeichelt über die Erde, über die Wiesen, über den See. Ein samtig schmeichelndes Licht in deinem Herzen, das dich berührt und erfüllt und dich hüllt.

Das Licht der untergehenden Sonne nimmt eine Bewegung an, geht in eine Bewegung, die einer Kreisform entspricht, bewegt sich aufwärts im Kreis, bis es das Licht der aufgehenden Sonne erreicht. Und beide Lichter, beide Energien, das Licht der untergehenden Sonne und das Licht der aufgehenden Sonne, verbinden sich in ihrem strahlenden Glanz, verbinden sich, verschmelzen, verschmelzen in Liebe und gehen in ihrer Bewegung in der Kreisform weiter. Sie bewegen sich zusammen, wie ein liebendes Paar von Sanftheit getragen in zartem Licht.

Eine Paarung aus dem Licht des Aufgangs,
eine Paarung aus dem Licht des Untergangs.

Eine Paarung aus dem Licht des Tages,
des angehenden Tages,
eine Paarung aus dem Licht
des sich verabschiedenden Tages.

Eine Paarung aus dem Licht
der sich verabschiedenden Nacht,
eine Paarung aus dem Licht
der sich ankündigenden Nacht.

Diese Bewegung führt sich fort wie ein Kreis, immer weiter, liebend vereint, diese beiden Lichtkräfte, diese Energien. Bis sich daraus eine kleine Veränderung ergibt, eine neue Dynamik.

Dieser Kreis geht weiter in seiner Kreisform und wird zur Spirale. Die Energie formt sich in Spiralkreisen

immer weiter, immer weiter, …

immer höher, immer tiefer, …

immer breiter, es wird immer mehr …

bis sich diese Spirale weitet,

immer weiter wird dieses Licht,

diese Liebe der Verbindung dieser beiden Energien,

breitet sich und vermehrt sich...

wird größer und größer …

Windung um Windung,
Kreis um Kreis,
bringt Weite, bringt Licht,
schafft Liebe in dir.

Windung um Windung,
Kreis um Kreis,
schafft Liebe, schafft Weite,
schafft Liebe in dir.

Windung um Windung,
Kreis um Kreis,
bringt Weite, bringt Licht,
schafft Liebe in dir.

Und immer so weiter … und immer so weiter …

Alles löst sich auf, jede Form, jede Gestalt...

Es erstrahlt das Licht aus ihrer Verbindung der Liebe. Du hast den Raum der Liebe betreten und bist in ihm und bist er. Sei ganz der Raum dieser Liebe, er ist in dir, du bist er. Es ist die Kraft der Schöpfung.

Alles ist und du bist.
Du bist der, der du bist – in Liebe.

Verweile in diesem Raum der Liebe, solange du möchtest. Es ist der Raum, der als Information die Freiheit in sich trägt, Freiheit in Liebe.

Wenn du dich erfüllt hast von dieser Liebe, dann nimm ihre Erinnerung mit als waches Bewusstsein, als immerwährendes Sein. Aus ihm zu leben, aus seinem Herzen mit Liebe zu gestalten, aus seinem Herzen mit Liebe zu begegnen, ist Ziel, ist Weg, ist Erkenntnis, ist Weisheit.

Um aus diesem Raum des Herzens, der Liebe zu gestalten, zu leben, zu formen, zu sein, öffne nun deine Augen, denn du bist ***DER*** *und du bist* ***DAS****, was du gerade erfühlt und erlebt hast.*

DU BIST DER,

DER DU BIST.

Der Weg in ein neues Bewusstsein

Schauen im Geiste
gibt Ruhe und Stille,
ist Eintauchen
in deine Seele,
in die Weltenseele.

Der Weg in ein neues Bewusstsein

Es ist die Zeit gekommen, wo wir erkennen dürfen, dass Begegnung im Leben nicht nur zwischen uns Menschen stattfindet, sondern dass Begegnung zwischen uns und allem stattfindet.

Es ist die Zeit gekommen, wo wir erkennen dürfen, dass diese Begegnung zwischen allem, was ist, in ständigem Austausch, in einer ständigen Kommunikation ist. Dieser Austausch findet in einer Sprache statt, die wir nicht sprechen und doch sprechen, einer Sprache, die über andere Sinneskanäle läuft und sich ausbreitet.

Es ist die Zeit gekommen, wo wir uns darauf vorbereiten, unsere Körper reinigen, unsere Körper sensibilisieren, um unsere Sinnessysteme so zu verfeinern und zu öffnen, damit wir die nächsten Dimensionsräume betreten können.

Wir betreten die Räume des Klanges
und kommunizieren mit allem, was ist, über Klänge.

Wir betreten die Räume der Farben
und kommunizieren mit ihnen.

Wir betreten die Räume der Informationen,
die uns mitteilen, was an Botschaft,
an Wissen, an Weisheit dem innewohnt.

Unseren Körper reinigen

Um diese Räume zu betreten, müssen wir unseren Körper gut vorbereiten, vorbereiten für die feine, feinere, tiefgehende Verbindung, Verständigung, um dort aufnehmen zu können, wo unsere Sinnessysteme sich derzeit noch verschließen. Es ist zu verstehen, wie wenn unsere Ohren hören, doch bedingt durch Flüssigkeit im Ohr, durch einen Ohrpfropf oder sonstiges, sind wir in unserem Hören noch etwas beeinträchtigt. Wenn unser Ohr gereinigt und frei ist, kann das Aufgenommene, das Gehörte an Klarheit und an Lautstärke gewinnen, so dass wir es besser hören und empfangen können. So ist es auch mit unseren Körpern, sie brauchen die Reinigung, um in eine klare Wahrnehmung zu kommen.

Sich mit der Natur verbinden

Es ist die Zeit gekommen, wo wir uns mit der Natur verbinden, mit der Sprache von Himmel und Erde, die sich in ihr manifestiert. Die Liebe zwischen Himmel und Erde vereint sich im Leben, vereint sich auf der Erde, vereint sich in dem, was sich im Reich der Natur entfaltet. Alles ist getragen von dieser unendlichen, freien Liebe zwischen Mutter Erde und Vater Himmel. Diese unendliche Liebe trägt jeder Mensch in sich, trägt jedes Tier in sich, jeder Stein, jede Pflanze. Die verschiedenen Reiche unseres Planeten Erde, vom Menschenreich bis zum Steinreich, sind erfüllt von dieser Urliebe. Sie drückt sich aus in der Schönheit, in der Berührtheit, in der Kraft der Natur.

Die Natur ist der einzige Ort für uns Menschen,
wo wir wahr sein können,
wo wir klar sein können,
wo wir uns selbst erreichen,
denn wir erkennen und erreichen uns in der Essenz,
in der Essenz der Liebe.

Diese Essenz der Liebe spüren wir im Reich der Natur in jeder Begegnung. Wenn unsere Sinne sich so verfeinert haben, dass sie die Sprache, die nicht gesprochene Sprache verstehen, werden wir in jeder Begegnung primär diese Liebe spüren, und diese Liebe ist Träger der Informationen.

Das ist die Ebene, in der wir in der nächsten Dimension Sprache verstehen werden. Das wird die Kommunikationsebene werden, auf der sich Mensch mit Mensch verbindet, begegnet und austauscht. Die Liebe trägt die Informationen, und Informationen sind in ihr getragen.

Genauso findet der Austausch von Mensch zu Tier statt, wieder getragen von dieser allem innewohnenden Liebe, für die wir bereit sind, für die wir jetzt offen sind, um durch sie als Fahrzeug all das zu erhalten, was an Botschaft, an Informationen, an Wissen oder Reichtum, an Weisheit zum Ausdruck kommen will.

Mit den Pflanzen findet der Austausch auf dieselbe Art und Weise statt. Auch von Mensch zu Pflanze ist die Liebe der Boden, durch den die Sprache, der Austausch stattfindet. So erreichen uns die Botschaften der Pflanzen, die für uns bedeutsam sind, für uns wichtig sind, da sie für uns als Nahrungsquelle oder zur Heilung dienen. Wir werden erkennen, was uns durch ihre Aufnahme in den Sinnen bereichert und uns verfeinert. Wir werden uns sensibilisieren in dem Getragensein der Liebe, im reinen Austausch der Liebe. Was wir derzeit brauchen, um uns immer feiner und differenzierter von Stufe zu Stufe weiterzuentwickeln, ist die Reinigung auf der Ebene des Körpers und auf der Ebene des Herzens.

Es ist ein Werdegang, der in Reinheit und Liebe und wahrer Begegnung stattfindet. Es ist eine Entwicklung, deren Weg einer Treppe gleicht, einer Treppe, die ausgelegt ist mit dem Teppich der Liebe, der Liebe, die alles verbindet und die von allem getragen ist und die alles trägt.

Mit dem Reich der Steine werden wir in derselben Art in Verbindung treten. Auch in ihm vereint sich die Liebe von Himmel und Erde. Auch in den Steinen, in den Kristallen, wohnt die Essenz. Das Resonanzprinzip erreicht uns und lässt uns in Verbindung treten mit dieser allumfassenden, irdisch-kosmischen Liebe. Auch durch diese Liebe wird die Information getragen, die der Stein in sich vereint hat, in sich trägt, jederzeit bereit, in Austausch zu gehen.

Diese Begegnung von Mensch zu allem Sein ist ein gegenseitiges Geben und Nehmen, ist ein Schenken, ist wahre Begegnung, denn sie ist frei von Bedingungen. Wir tauschen nur noch aus, um uns in dieser Liebe zu bereichern und zu nähren.

Wir begleiten uns so gemeinsam Stufe um Stufe höher,
um unser Ziel zu erreichen,
unser Ziel, im NICHTS zu sein
und ALLES zu haben,
in der Einheit wieder geborgen zu liegen
und zu erkennen den Reichtum, die Fülle des NICHTS.

Glossar

Bewusstseinprozesse

Bewusstseinsprozesse sind die möglichen Erfahrungen mit deinem Bewusstsein. Bewusstsein kann sich erfahren in verschiedenen Räumen, in verschiedenen Qualitäten, in verschiedenen Formen, Phasen und Graden. Die Summe dieser Erfahrungen sind die Bewusstseinsprozesse. Du wirst nie alles auf einmal erfassen. Du durchschreitest Raum um Raum, und eine Erfahrung gesellt sich zur anderen hinzu. Jede neue Erfahrung knüpft sich an die letzten Erfahrungen an, und sie ergeben immer wieder ein neues Ganzes. Die nächste Erfahrung kommt wieder hinzu und ergibt wieder ein neues Ganzes. Das sind die Prozesse des stetigen Wandels, Wechsels, Veränderns, es bleibt nie, wie es war. Ein Bewusstseinsprozess ist der ständige Wandel der Wahrnehmungen, sie verbinden und verschmelzen zu einer neuen Wahrheit.

Diese Bewusstseinsprozesse wandeln sich so lange und so weit, bis dein Bewusstsein an seinem Ziel angekommen ist, zu erkennen und zu erfahren, dass alles NICHTS und NICHTS ALLES ist.

Chakras

Chakras sind Energiezentren in deinem Körper. Ihr Sitz ist am Verlauf deiner Körpermittellinie. Du findest deine Chakras auf der Körpervorderseite und entsprechend auf der Körperrückseite an der Mittellinie entlang.

Das erste Chakra ist das Wurzelchakra. Dieses Energiezentrum trägt deine Lebenskraft, die Kraft deiner Herkunft in sich. Es hat seinen Sitz an deinem Beckenboden und ist nach unten ausgerichtet.

Das zweite Chakra ist dein Sexualchakra und hat seinen Sitz knapp unterhalb deines Nabels. Es öffnet sich nach vorne, und auf der Rückseite deines Körpers öffnet es sich auf derselben Höhe nach hinten. Es ist das Energiezentrum für deine Sexualkraft, für deine Lebenskraft, die auch das Potenzial von Kraft und Aggression in sich trägt und zum Ausdruck bringt.

Das dritte Chakra ist dein Solarplexus, das Sonnengeflecht. Es öffnet sich ebenfalls nach vorne und hat als Gegenpunkt auf derselben Körperhöhe am Rücken seine Öffnung nach hinten. Dieses Energiezentrum trägt deine Lebenskraft in sich, mit der du der Welt begegnest, mit der du dich offenbarst, mit der du dich zeigst. Es trägt die Qualität der Bewegung in sich, die du in das Leben mitbringst.

Das vierte Chakra ist dein Herzchakra, es öffnet sich ebenfalls nach vorne und hat auf derselben Körperhöhe am Rücken seinen Gegenpol. Dieses Energiezentrum trägt die Botschaften, die Informationen in sich, wie du mit der Welt in Austausch gehst, mit welchen Qualitäten, mit welchen

Motiven du Begegnungen eingehst. Das Herzchakra ist das Zentrum deiner Energiezentren und die Schaltzentrale für den Austausch zwischen Himmel und Erde, zwischen Geist und Materie in dir. Das Herzchakra nimmt für den Entwicklungsprozess des Menschen zum geistigen, spirituellen Wesen eine Schlüsselposition ein.

Das fünfte Chakra ist das Kehlchakra, es öffnet sich auch nach vorne und im Gegenpol nach hinten. Seine Informationen und Kraft liegen im Bereich der Kommunikation, des Austausches, mit der Welt, den Menschen, mit allen Formen des Lebens. Hier bringst du zum Ausdruck, zur Sprache, was du in Entfaltung bringen möchtest.

Das sechste Chakra ist das dritte Auge. Es hat seinen Sitz oberhalb der Nasenwurzel zwischen den Augenbrauen und seinen Gegenpol auf der Rückseite des Kopfes. Es ist der Träger von Intuition und innerer Weisheit und lässt dich in Kontakt treten mit deinem allumfassenden Wissen, mit deiner Seele und der Weltenseele.

Das siebte Chakra ist dein Scheitelchakra. Es hat seinen Sitz an der höchsten Stelle des Kopfes und zeigt nach oben zum Himmel. Es öffnet sich zum Kosmos und trägt als Information die Kraft der Herkunft aus dem Geistigen, aus dem Spirituellen, aus dem Kosmos.

Das erste und das siebte Chakra sind die Tore zur Erde und zum Himmel. Sie verbinden und verwurzeln den Menschen mit dem Oben und dem Unten. Ist das Herz geöffnet und sind die Energien in den Chakras im Fluss, kann die Energie frei fließen und der Mensch steht zwischen Himmel und Erde kraftvoll, weise und mitfühlend in seinem Leben.

Geste der Herzöffnung

Die Geste der Herzöffnung bringt im Außen in Bewegung was im Inneren sich vollzieht. Das Lächeln ist der Schlüssel, der das Tor zum Öffnen bringt.

Lege deine Hände auf dein Herz und schenke deinen Lippen ein sanftes Lächeln, das du spürst und das dich erreicht in deinem Inneren, in deiner Tiefe. Bringe deine Hände, deine Arme in eine Bewegung, in eine Geste, die für dich die Öffnung deines Herzens darstellt. Verweile in dieser Geste, die getragen ist von deinem Lächeln, und spüre und nimm wahr die Bewegung in deinem Inneren, die Bewegung in deinem Herzen. Sie gibt dir Größe, Kraft und Weite.

Vergleiche hierzu unser Buch „Die Herzensgüte ist der Quell. Die zehn Schritte das Herz zu öffnen“, Verlag Via Nova.

Die Achtsamkeit des Augenblicks
erkennt die Schönheit,
lässt schmelzen
das Staunen
in Liebe.

Nachwort

Lass dich nicht entmutigen, und gib dir für die Übungen soviel Zeit und Erfahrungsraum wie du brauchst. Es kann sein, dass es keiner Zeit bedarf, es kann jedoch auch viel Zeit, Geduld und Übung benötigen, je nachdem, wie viel Ungelöstes, Blockierendes dein Herz noch hemmt, sich zu öffnen, für die Liebe, die Erkenntnis und die Klarheit. Jeder hat seinen eigenen Weg und sein eigenes Tempo.

Institut für BewusstSein

Wir bieten im **Institut für BewusstSein** interessierten Menschen, aber auch Firmen und Institutionen Unterstützung im Prozess der Herzöffnung an:

- **Integrative Beratung zur Herzöffnung**
- **Integratives Coaching**
- **Bewusstseins-Training**
- **Meditationen zur Herzöffnung**
- **Seminare zur Herzöffnung**

Unser Ziel ist es, viele Menschen darin zu unterstützen, ihre Blockaden und Hindernisse zu lösen, um so den Prozess der Herzöffnung ins Fließen zu bringen. Reichtum, Fülle und Vertrauen stellen sich ein und weisen uns einen neuen Weg.

Informationen über **Integratives Beratung und Coaching**, **Seminare und Meditationen zur Herzöffnung** können Sie über folgende Internet-Adresse erhalten:

www.Institut-BewusstSein.de

Die Herzensgüte ist der Quell

Die 10 Schritte das Herz zu öffnen

Elke Zierhut/Wolfgang Polzer

Hardcover, 112 Seiten – ISBN 3-86616-030-5

Die Herzensgüte ist der Quell, der jedem Menschen innewohnt. Ihn zu entdecken und aus ihm zu schöpfen ist das Anliegen dieses Buches. Die Verfasser laden jeden ein, mit ihnen in sein innerstes Zentrum, in sein Herz zu gehen. Alles, was beengt und behindert, kann erkannt uns losgelassen werden, um die Fülle und den Reichtum des Lebens dankbar aufzunehmen. Dieses Buch ist ein Wegweiser in 10 Schritten, der aus dem Herzen geboren wurde, um alle jene zu begleiten, die ein neues Bewusstsein, ein neues Leben in einem neuen Zeitalter aktiv gestalten wollen. Einsichten in die Qualitäten des Herzens wie Liebe, Achtsamkeit, Mitgefühl und Dankbarkeit bilden die Grundlage für inneres Wachstum. Die Geste der Herzöffnung ist die einfache tägliche Übung, das Lächeln die Türe zum Herzen. Neue Sichtweisen bringen Veränderung und Heilung für uns und unsere Erde. Der Text ist einfach und jedem zugänglich geschrieben, die einzelnen Kapitel sind in ihrem Umfang so, dass man sie leicht in einer Pause der Besinnung oder vor dem Aufstehen oder Einschlafen lesen kann, und man merkt, dass sie das Ergebnis eigener Erfahrung sind. Das Bändchen ist auch als Geschenk gut geeignet.

Aus der Weisheit des Herzens leben

Eine praktische Anleitung für das innere Wachstum durch Liebe

Joyce und Barry Vissell

Paperback, 264 Seiten – ISBN 3-86616-025-9

Für viele Paare bedeutet eine Beziehung eine Welle frischverliebter Seligkeit, gefolgt von Schwierigkeiten und Enttäuschungen und schließlich einer Trennung. Mit 35 Jahren Ehe und 25 Jahren klinischer Erfahrung im Rücken haben die beiden Bestseller-Autoren Joyce und Barry Vissell Hunderten von Menschen dabei geholfen, diesen Zyklus fehlgeschlagener Beziehungen zu durchbrechen, indem sie ihnen zeigen, dass eine Beziehung eine Möglichkeit ist, als Individuum zu wachsen – sich tief nicht nur mit einem anderen Menschen zu verbinden, sondern auch mit seinem eigenen Herzen.

Sie werden lernen: wie Sie einen echten Lebensgefährten finden, die wichtigsten Zutaten zu jeder Beziehung, warum so viele Leute sich vor Intimität fürchten wie Sie Eifersucht, Kritik und Beschuldigen in Wachstum verwandeln können, warum „Nein“-Sagen ein fundamentaler Schritt ist, lieben zu lernen, wie Sie eine blockierte sexuelle Beziehung heilen können und vieles mehr.

Karten der Liebe

2. Auflage

84 farbige Karten mit Begleitbuch

Chuck Spezzano

Karten und Buch in einer Stülpschachtel, Buch 144 Seiten
ISBN 978-3-936486-08-7

Einige Menschen scheinen größeres Glück in der Liebe zu haben als andere, aber es steckt mehr dahinter als nur Glück. Der Verfasser zeigt auf anschauliche Weise, wie der aufmerksame Leser mit Hilfe der 84 Karten seine Chancen für eine glückliche und erfolgreiche Liebesbeziehung vergrößern kann. Die Karten sind in die vier Kategorien Heilung, Glück, Gnade und Probleme unterteilt. In dem dazugehörigen Begleitbuch werden alle Karten und ihre jeweiligen Bedeutungen ausführlich beschrieben. Außerdem werden verschiedene Befragungsbeispiele und Legesysteme vorgestellt. *„Die Karten der Liebe“* sind sowohl für Menschen gedacht, die noch nach ihrer ganz besonderen Beziehung suchen oder die gerade am Anfang einer Beziehung stehen als auch für Menschen in einer langfristigen Beziehung, für die die Karten neue Erkenntnisse über ihre Liebesbeziehung vermitteln und eine Hilfe darstellen, sie zu verbessern. Sie zeigen nicht nur die schönen Seiten der Liebe wie Vertrauen, Lachen und Glück, sondern auch ihre Fallen wie Erwartungen, Kontrolle und Eifersucht, die es zu vermeiden gilt, damit die Liebe nicht schal wird.

Die tieferen Dimensionen des Erfolgs

Erfolgs-Serie Band 2

Chuck Spezzano

Hardcover, 232 Seiten – ISBN 978-3-86616-034-7

„Die tieferen Dimensionen des Erfolgs" ist der zweite Band und ein wichtiger Bestandteil der Reihe „Erfolg kommt von innen". Das Buch zeigt auf, dass die Erfahrung von Erfolg nicht nur ein äußeres Phänomen ist, sondern vielmehr im Herzen und im Bewusstsein stattfindet. Es untersucht noch eingehender und tiefgreifender, auf welche Weise das Herz und das Bewusstsein sich miteinander verbinden, um Erfolg herbeizuführen. Es enthält weitergehende Erfolgsprinzipien und offenbart weitere Fallen und mögliche Wege zu deren Lösung. Es zeigt den Weg auf, der mit Hilfe innerer Erfolgsprinzipien voranführt, und taucht zu diesem Zweck auch in die unterbewussten und unbewussten Bereiche des Bewusstseins ein, um das aufzulösen, was uns an der Zuversicht hindert, ein immer höheres Maß an Erfolg in allen Bereichen unseres Lebens haben zu können. Es enthält neue Geschichten, Beispiele, Prinzipien und Methoden.

Heilung und Neugeburt

Aufbruch in eine neue Dimension des Lebens

Barbara Schenkbier / Karl W. ter Horst

Hardcover, 272 Seiten, 30 Fotos, 10 Grafiken – ISBN 3-936486-57-3

Immer mehr Menschen suchen Auswege aus Einsamkeit und Trauer, Isolation und Sinnkrise. Sie sehnen sich nach Wärme und Licht, einem Aufbruch ins Leben, dem erneute Enttäuschungen und Niederlagen erspart bleiben. Barbara Schenkbier und Karl W. ter Horst geben anregende Impulse für den Aufbruch in eine neue Dimension des Lebens, für die spirituelle Neugeburt des Menschen. Diese Impulse sind begleitet von wegweisenden Ratschlägen für die Heilung von Seele und Körper. Die Autoren schöpfen aus der spirituellen Erfahrung einer neuen Dimension der Heilung und der Geschichte ganzheitlicher Heilverfahren aus dem göttlichen Feld. Die spirituelle Heilung wird ausführlich dargestellt. Mit einer bisher unveröffentlichten evolutions-psychologischen Methode ermöglichen sie dem Leser überraschende Einblicke in die verschlungenen Verläufe seiner eigenen Entwicklung. Alles Mitmenschliche und Kraftspendende, das dabei ans Licht des Bewusstseins dringt, bewerten die Autoren als Quellen von Heilung und Glück.

27 Perlen der Weisheit von Willigis Jäger

Keiko Nimura-Eckert (Hrsg.)
Gerd Aumeier (Fotoillustrationen)

2. Auflage

Hardcover, 96 Seiten – ISBN 3-936486-44-1

Der bekannte Zenmeister und Kontemplationslehrer Willigis Jäger ist heute für viele Menschen zu einem Wegbegleiter auf dem Weg nach innen geworden. Eine langjährige Schülerin von Willigis Jäger, die Japanerin Dr. Keiko Nimura-Eckert, hat 27 Texte aus den Veröffentlichungen ihres Meisters mit Liebe und Achtsamkeit ausgesucht. (Die Zahl 27 ist in Japan eine heilige Zahl spirituellen Wachstums.) Sie geben Antwort auf die Grundfragen des Lebens, die heute so viele Menschen bewegen. Der Fotodesigner und Künstler Gerd Aumeier hat aus seiner eigenen meditativen Praxis schöpfend mit einer durchgehenden visuellen Symbolsprache spirituelle Inhalte in künstlerischen Farbillustrationen sichtbar gemacht. So ist ein attraktiver Band mit spirituellem und künstlerischem Tiefgang entstanden, der nicht nur zur persönlichen Besinnung einlädt und der Wahrheits- und Sinnsuche dient. Er ist sowohl in seiner äußeren Form als auch vom Inhalt her als ein anspruchsvolles Geschenk geeignet.

Im Gleichgewicht der Wünsche

Gesundheit durch Bewusstheit

Jürg Theiler

Paperback, 336 Seiten – ISBN 978-3-86616-037-8

Krankheiten sind die Folge von Verletzungen, die Sie sich zufügen, ohne es zu wissen und zu merken. Weil Ihre Wünsche sich oft widersprechen und gegensätzlich sind, benachteiligen, verdrängen, unterdrücken, verletzen und zerstören Sie die einen umso mehr, je intensiver und erfolgreicher Sie die anderen verfolgen. Um gesund zu sein, um Ihr Lebenswerk zu vollbringen, müssen Sie bewusst erkennen, welche Wünsche Sie haben und wie Sie alle – nicht die einen auf Kosten der anderen – erfüllen können. Das erfordert, Ressourcen von Wünschen, denen Sie bisher viel Gewicht beigemessen haben, auf Wünsche umzuverteilen, denen Sie bislang wenig Beachtung schenkten. Es erfordert, die Wünsche, die Sie aktiv verfolgen – Ihre Wünsche nach Konsum, Besitz, Erfolg, Macht, Kontrolle – an jenen auszurichten, die sich Ihnen rezeptiv erschließen – Ihre Wünsche nach Liebe, Schönheit, Kreativität und die Fähigkeit zu leiden. Dieses Buch zeigt Ihnen, wie Sie vom Ungleichgewicht zum Gleichgewicht, von der Zerstörung eines Teils von Ihnen zu Ihrer „In-Dividualität", Ihrer Ganzheit finden.

Im Fluss des Lebens sein

Von der Enge des Ich zur Offenheit des Seins

Hanspeter Ruch

Hardcover, 120 Seiten – ISBN 3-86616-016-X

Wir wollen glücklich und mit uns und der Welt im Einklang sein. Doch stattdessen fühlen wir uns häufig verloren, orientierungslos und vom Leben abgeschnitten. Für viele beginnt die Suche nach innerer Zufriedenheit mit einer Psychotherapie, andere dagegen schließen sich einer spirituellen Tradition an. Hanspeter Ruch, selber Psychotherapeut, plädiert für einen Weg, der sowohl aus der Psychotherapie wie auch der Spiritualität schöpft. Inspiriert vom tibetischen Buddhismus und ausgerüstet mit einer langjährigen Berufserfahrung als Therapeut zeigt er in diesem Buch auf, dass die Suche nach dem Glück eine Reise zu sich selber ist. Denn Quelle unseres Glücks ist das SEIN, der Ursprung unserer Existenz, den wir alle in uns tragen. Wollen wir zu diesem Schatz vorstoßen, müssen wir unsere Haltung neu ausrichten und zu dem werden, was wir sind. Anhand von Beispielen aus der Praxis, eigenen Erfahrungen und einer Vielzahl von Übungen werden wir angeregt, wie wir die gewonnenen Erkenntnisse im Alltag umsetzen können, um in den Fluss des Lebens zurückzufinden.

Kraftquelle Lächeln

Ihr Schlüssel zu Gesundheit, Schönheit, Erfolg, persönlicher Lebensfreude und spirituellem Wachstum

Ursula Rücker-Vennemann

Hardcover, 176 Seiten – ISBN 3-936486-82-4

Die Fähigkeit zu lächeln ist uns von der Natur mitgegeben worden. Dieses Lächeln ist nicht nur eine stärkende Verbindung zwischen zwei Menschen und hat nicht nur eine unmittelbar positive Wirkung auf den ganzen Körper, es baut auch Brücken in die spirituelle Welt. Das Buch „Kraftquelle Lächeln" ist ein praktischer und anschaulicher Ratgeber. Es macht auf anschauliche Weise deutlich, auf welche Weise sich Lächeln auf den Organismus und die Funktion der Gehirnzellen auswirkt. Wir können dieses Lächeln deshalb nutzen als Heilkraft für unsere körperliche, emotionale und geistige Gesundheit; Fitmacher für unsere Gehirnzellen; Jungbrunnen und Schönheitselixier; Brücke des Vertrauens zu anderen Menschen; zur Stärkung unserer persönlichen Lebensfreude und als Quelle für spirituelles Wachstum. Deshalb ist das Lächeln das zentrale Thema dieses Buches. Es werden nicht nur Fakten und Hintergrundinformationen vermittelt, sondern auch viele ausführliche Meditationsanleitungen zum „inneren Lächeln" angeboten, die Ihnen helfen, sich diese Kraft bewusst und ihre positive Wirkungen dauerhaft zu Eigen zu machen.

Das Geheimnis der richtigen Schwingung

Anleitung für ein wunder-volles Leben

Jill Möbius

Hardcover, 232 Seiten – ISBN 3-86616-000-3

Alles, so die Autorin, ist eine Frage von Schwingung und Resonanz. Auf fundierte und leicht verständliche Weise vermittelt dieses Buch, wie das Resonanzprinzip als grundlegendes Gesetz unsere Realität, unseren Körper und unser Schicksal prägt – und wie wir dieses Wissen spielerisch nutzen können, um ein erfülltes und erfolgreiches Leben zu gestalten:

- Wie es wirkungsvoll gelingt, die Realität im Voraus so zu programmieren, dass sich Wünsche erfüllen und sogar Wunder möglich werden,
- wie man effektive, kraftvolle Wege der Selbstheilung nutzt, um Gesundheit, Jugendlichkeit und Vitalität zu steigern,
- wie man inneren Frieden findet und es schafft, in jeder Situation in sich selbst zu ruhen,
- wie man seine Schöpferkraft wirksam einsetzt, um eine friedvolle globale Zukunft mit zu erschaffen.

Viele wirkungsvolle Übungen ermöglichen die direkte Umsetzung der Erkenntnisse im Alltag. Ein unterhaltsames, praxisnahes Handbuch zur Steigerung des Bewusstseins, der Lebensfreude und Lebensqualität.

24 Stunden luzid träumen

Techniken, um den nichtdualistischen träumenden Hintergrund der Alltagsrealität wahrzunehmen

2. Auflage

Arnold Mindell

Paperback, 274 Seiten, 52 Graphiken – ISBN 3-936486-03-4

In seinem neuesten Buch *„24 Stunden luzid träumen“* zeigt der innovative Psychotherapeut und spirituelle Lehrer Arnold Mindell zum ersten Mal auf, wie man in die Welt des Träumens eintritt, jene Welt, aus der die sichtbare Realität hervorgeht. Greift man Ereignisse, die die eigene Aufmerksamkeit erregen wie beispielsweise Körpersymptome, Beziehungsmomente, spontane Gedanken und Phantasien auf und entfaltet deren Signale mit Hilfe der Methode des 24 Stunden luziden Träumens, tritt man vollkommen wach in die nichtdualistische Welt des Träumens ein und lernt deren Botschaften zu verstehen und in die Alltagswelt einzubringen. Die Praxis des 24 Stunden luziden Träumens hilft bei der Lösung persönlicher, körperlicher oder emotionaler Probleme. Sie hilft bei der Lösung von Konflikten in Beziehungen, Familien, Großgruppen, Unternehmen und sogar in der Politik.

Der Traumwanderer

Eddie Kramer und das Buch der Träume

Edition Spirituelle Romane

Richard Wilder

Paperback, 384 Seiten – ISBN 3-86616-003-8

Als der dreizehnjährige Eddie Kramer aus San Fransisco einem alten Flohmarkthändler ein ungewöhnliches, antikes Kartenspiel abkauft, beginnt das größte Abenteuer seines Lebens. Von nun an bestimmt eine Kette unglaublicher Ereignisse sein Dasein. Eddie entdeckt eine Straße, die für die meisten Menschen nicht sichtbar ist, aber dennoch existiert. Hier verfolgen außergewöhnliche Menschen ein gemeinsames Ziel: Die Suche nach dem seit Jahrtausenden verschollenen Buch der Träume. Das darin enthaltene Wissen soll es jedem Menschen ermöglichen, seine Lebensträume zu Realität werden zu lassen. Nur eine auserwählte Person – Eddie Kramer – kann zu einer vorbestimmten Zeit das Buch von seinem geheimen Ort holen, um es den Menschen zu bringen. Unterstützt durch magische Gegenstände und begleitet von seinen neuen Freunden macht sich Eddie auf die Suche. Den Gefährten steht eine gefährliche Reise bevor. Eddies abenteuerliche Jagd führt ihn zu den Hopi-Indianern und bis in das geheimnisvolle Hochland von Tibet nach Shambhala, wo mystische Legenden zu Realität werden. Ein spirituelles und abenteuerliches Lesevergnügen für Erwachsene und Jugendliche.